La casa de todos

La Nueva Constitución que Chile merece y necesita

EDICIONES UNIVERSIDAD CATÓLICA DE CHILE
Vicerrectoría de Comunicaciones y Educación Continua
Alameda 390, Santiago, Chile

editorialedicionesuc@uc.cl
www.ediciones.uc.cl

La casa de todos
La Nueva Constitución que Chile merece y necesita

Patricio Zapata Larraín.

© Inscripción Nº 259.271
Derechos reservados
Noviembre 2015
ISBN Nº 978-956-14-1712-0

Diseño:
M. Francisco de la Maza
versión | producciones gráficas ltda.

Ilustración de portada:
Patricio Zapata Larraín

CIP-Pontificia Universidad Católica de Chile

Zapata Larraín, Patricio.
La casa de todos: la nueva constitución que Chile merece y necesita / Patricio Zapata Larraín.
Incluye notas bibliográficas.

1. Reformas constitucionales - Chile
2. Derecho constitucional - Chile
I. t.

2015   342.8303 + DC23   RCAA2

La casa de todos

La Nueva Constitución
que Chile merece y necesita

Patricio Zapata Larraín

ÍNDICE

Introducción 13

I. ¿Qué es una Constitución? 19

II. El problema constitucional
en el contexto latinoamericano 37

III. El problema constitucional en Chile 59

IV. La tradición republicana chilena 75

V. El debate constituyente en Chile 93

VI. El procedimiento: ¿cómo llevar adelante
el proceso constituyente 109

VII. Contenidos de la nueva Constitución 123

VIII. La gran reforma electoral de 2015:
crucial paso previo al proceso constituyente 167

Fuentes citadas 209

A las vecinas y los vecinos de Tongoy, gente acogedora de una localidad maravillosa; quienes —no me cabe duda— sabrán volver a levantarse después de las terribles catástrofes naturales que debieron soportar durante el año 2015.

"Una comunidad de hombres libres supone ciertos pilares que están en el corazón de su propia existencia. Una democracia genuina implica un acuerdo fundamental de las mentes y las voluntades sobre las bases de la vida en común".

Jacques Maritain, "El Hombre y el Estado", 1951.

Introducción

A la Grecia antigua le debemos las primeras reflexiones sobre la política y, también, la génesis del ideal democrático. En atención a ese antecedente, he querido iniciar este breve ensayo sobre la Constitución con una referencia al pensamiento griego.

A Heráclito de Éfeso (544-475 AC aprox.) se le conoce principalmente por haber postulado que el fuego es el componente elemental del universo y que lo único real es la experiencia del cambio o flujo[1]. De menor entidad filosófica, y menos conocida, es su afirmación: "Como su muro ha de defender el pueblo la ley"[2].

Con la palabra "muro", Heráclito se está refiriendo a las fortificaciones que se levantaban alrededor de un centro urbano para proteger a sus habitantes. Estas murallas jugaban un papel central en la vida de las comunidades antiguas. Piénsese, si no, en esos altos y gruesos muros

---

1 Véanse, especialmente, los fragmentos Nº 30 ("Este mundo, el mismo para todos, no lo hizo ninguno de los Dioses ni ninguno de los hombres, sino que fue desde siempre, es y será Fuego siempre vivo que se enciende mesuradamente y mesuradamente se apaga"), Nº 12 ("Aun los que se bañan en los mismos ríos se bañan en diversas aguas. Y, cual vapores, se levantan de lo húmedo las almas"), Nº 67 ("El Dios es día y noche buena consejera, invierno y verano, guerra y paz, saciedad y hambre; cambia de forma a forma como el Fuego...") y Nº 91 ("No hay manera de bañarse dos veces en el misma corriente; que las cosas se disipan y de nuevo se reúnen, van hacia el ser y se alejan de ser"). **García-Bacca, Juan David** (compilador): *"Los presocráticos"*, Fondo de Cultura Económica, Undécima reimpresión conmemorativa, 2009, pp. 98-104.

2 Fragmento Nº 44. En García-Bacca, Juan David (compilador): Op. Cit., p. 101.

de Troya que, al menos literariamente, habrían resistido por una década a la poderosa coalición de Menelao y Agamenón[3].

El propio Heráclito habría tenido oportunidad de comprobar personalmente, y muy dramáticamente, la importancia de los muros. En el 499 AC, varias de las comunidades jonias emplazadas en la costa mediterránea de lo que hoy es Turquía, incluyendo Éfeso –la ciudad natal de Heráclito–, se rebelaron contra el poder del Imperio Persa. La respuesta militar de su rey, Darío, no se hizo esperar. Éfeso, que no contaba con murallas que la protegieran, fue ocupada y destruida muy rápidamente por los persas (498 AC). Mileto, que era la principal colonia Jonia sublevada, y que sí estaba guarnecida por fuertes muros, resistirá bastante más tiempo. No obstante, terminará sucumbiendo en el 493 AC[4].

Como se sabe, el hecho que Atenas hubiera prestado ayuda bélica a sus "primos" jonios rebeldes fue el motivo (¿pretexto?) que usaría Darío para atacar Grecia Continental (492 AC). Sería el inicio de las "Guerras Médicas". En el curso del enfrentamiento entre persas y griegos el asunto de las murallas jugaría un papel relevante.

Guiados por el brillante *estratego* Temístocles, los atenienses tuvieron oportunidad de prepararse para la lucha. Comienzan construyendo un muro para proteger el puerto de salida de Atenas, el Pireo. Preocupados, consultan, luego, al Oráculo de Delfos sobre lo que ha de ocurrir. La respuesta: "(…) *cuando resulte tomado lo otro, (…) un muro de madera Zeus de ancha vista dará, (…) que sea indestructible, en provecho de ti y de tus hijos*". Unos pocos atenienses toman el edicto literalmente y creen

---

3   Sobre los altos muros y la Torre de Troya véase el Canto III de la Ilíada (especialmente el relato de las líneas 161 a 246). **Homero:** *Ilíada*, Biblioteca Gredos, N° 1, Editorial Gredos, Barcelona, 1982, pp. 54-57. De acuerdo a las últimas excavaciones, los muros de piedra de la Troya que pudo enfrentar el ataque de los Aqueos, la llamada "Troya VI" o "VII", habrían tenido un ancho de 5 metros y un alto de hasta 8 a 9 metros.

4   En palabras de Heródoto: "Los persas, luego de vencer en la batalla naval a los jonios, asediaron Mileto por tierra y por mar. Minaron sus muros, emplearon toda suerte de ingenios militares y tomaron la ciudad entera al cabo de cinco años de la deserción de Aristágoras" (libro VI. 18), en **Heródoto:** *"Historia"*, Ediciones Cátedra, Madrid, 6° Edición, 2008, p. 568.

que se salvarán si se refugian tras la empalizada que protege la Acrópolis (lo harán y dicha interpretación los llevará a la muerte). Temístocles, en cambio, que hace una lectura sistemática y finalista del anuncio del Oráculo, entiende que la referencia al "muro de madera" es, más bien, una alusión a barcos de batalla. Usará, entonces, toda su elocuencia para convencer al pueblo de Atenas para que aproveche la riqueza de la recientemente descubierta mina de Plata en Laurión para construir, en base a madera de abetos, pinos y cedros, una flota de 200 trirremes. Esa será la armada ateniense que vencerá a los persas en la batalla de Salamina. El "muro de madera" que salvará Grecia[5].

En el 479 AC, terminadas ya las guerras contra los persas, Atenas –la gran vencedora– construye los "muros largos" que protegerán la ruta que la une con su puerto, el Pireo. Según la mayoría de las fuentes, Heráclito todavía vivía y es posible que haya tenido noticias de esta decisión.

Como se ha visto, los griegos antiguos tenían muy claro que un pueblo que desea prosperar y sobrevivir debía preocuparse de levantar, mantener y proteger sus muros[6]. Es en ese contexto que debe valorarse

---

5   Sobre el Oráculo del "muro de madera", ver Heródoto: Op. Cit. Pp. 718-719.

6   100 años después de Heráclito, Aristóteles dedicará un acápite de su "Política" al tema de los muros. Dice el Estagirita: "En cuanto a las murallas, aquellos que dicen que las ciudades con virtud militar no debieran tenerlas (alude a Platón, Leyes vi), están desactualizados y debieran apreciar que las ciudades que se acogieron a esta visión fueron contradichas por los hechos. Es verdad que demuestra poco coraje quien se esconde detrás de la muralla cuando enfrenta a un enemigo que es similar en carácter y no muy superior en número; pero la superioridad de los atacantes puede ser y muchas veces es demasiada para el valor humano ordinario y para aquel que se encuentra solo en unos pocos; si ellos han de salvarse y escapar a la derrota y la humillación, el muro más fuerte será la mejor de las precauciones militares, más especialmente ahora que los misiles y máquinas de asedio han sido llevados a un alto nivel de perfección (...) Si nuestras conclusiones son correctas, las ciudades no solo deben tener muros, sino que deben preocuparse, además, que sean hermosos, así como útiles para los propósitos militares y adaptados para resistir los inventos modernos. Si quienes asaltan una ciudad hacen todo lo que sea necesario para ganar una ventaja, quienes la defienden deben hacer uso de todo lo que se haya descubierto para ese objeto y debieran, además, diseñar e inventar nuevas formas, pues cuando unos hombres están bien preparados, ningún enemigo piensa siquiera en atacarlos". **Aristóteles**: *"Politics"*, "The Basic Works of Aristotle", Random House, New York, 1941, Libro VII, Cap. 11, p. 1293.

la lucidez que expresa la frase de Heráclito con la que iniciábamos esta introducción ("Como muro ha de defender el pueblo la ley").[7] La idea, entonces, es que, con la misma convicción y pasión con que se cuidan las murallas que protegen del enemigo, un pueblo inteligente, y que desea prosperar y sobrevivir, debe preocuparse, también, de aprobar buenas leyes. Y de defenderlas.

Este libro comienza, entonces, adhiriendo a la sabiduría de los griegos antiguos. Afirmo, por tanto, que las leyes, y especialmente las leyes constitutivas de lo político (la Constitución), son muy importantes. Y contra lo que piensan aquellos que piden que nuestros debates ciudadanos se concentren exclusivamente en los "problemas concretos de la gente", yo asumo que el amor genuino por nuestra patria nos debe llevar a dedicar tiempo a pensar también en cómo mejorar nuestro orden constitucional.

Los llamados a cuidar el "muro" de la Constitución somos todos los miembros de la comunidad política. El hecho que los constitucionalistas, y los abogados en general, manejemos los aspectos técnicos de esta materia, lejos de granjearnos algún tipo de monopolio o privilegio a la hora de las decisiones, nos impone, más bien, la enorme responsabilidad de poner esos conocimientos al alcance de todos nuestros conciudadanos.

En el ánimo de intentar cumplir con el deber anotado, este libro está redactado pensando, principalmente, en lectores que no tienen una formación universitaria en el campo del Derecho.

---

7   En el caso de la Grecia antigua, los muros de los que estamos hablando eran estructuras construidas para la defensa de la libertad y la vida de los ciudadanos que conformaban la Polis respectiva. En la misma medida que la derrota militar de la Polis significaba, generalmente, la muerte de los hombres y la esclavitud de mujeres y niños, no puede sorprender que los muros tuvieran esta esperable significación valiosa. **Patterson, Orlando**: *"Freedom in the making of the western world"*, Basic Books, 1991. Las circunstancias de varios de los más terribles horrores del siglo 20 explican que la palabra *"muro"* tenga hoy entre nosotros una connotación extraordinariamente negativa. Piénsese, si no, en los muros de los campos de concentración nazi o en el muro que levanta la Alemania Comunista para impedir el éxodo de sus ciudadanos desencantados. Y si debemos luchar por derribar los muros que encierran y dividen, debemos seguir cuidando, sin embargo, aquellas estructuras que nos cobijan.

La imagen del muro, hay que reconocerlo, resulta ser algo fría. Y defensiva. Lo que nuestra patria necesita, en realidad, más que un muro, es una casa amplia y acogedora, levantada en forma participativa, y que, recogiendo lo mejor de nuestra tradición, pueda albergarnos a todas y a todos. Una Constitución que sea una **Casa de Todos**.

I

¿Qué es una Constitución?

Este es un libro que postula que a los chilenos nos conviene tener una Nueva Constitución. Estas páginas pretenden ofrecer argumentos que puedan servir a la reflexión de cualquier ciudadano interesado. No se trata, por un tanto, de un trabajo de Ciencia Jurídica dirigido exclusivamente a los especialistas del Derecho Constitucional.

Ahora bien, y aun cuando este trabajo no tiene un carácter académico puro y duro, me he propuesto evitar, absolutamente, cualquier cosa que parezca consigna o eslogan.

No me interesa, por tanto, apoyar mi tesis sobre cambio constitucional en caricaturas del tipo "la actual Constitución sigue siendo la misma Constitución de Pinochet". Siendo muy crítico del texto vigente, me parece equivocado e injusto equiparar, aunque solo sea retóricamente, el proyecto institucional original de la dictadura y la Carta Fundamental que se ha ido construyendo, triunfo del NO mediante, y con 36 reformas constitucionales sucesivas, en los últimos 25 años.

Tampoco argumentaré en base a "ofertones" tales como: "la Nueva Constitución permitirá, finalmente, que todos los chilenos tengamos empleo, vivienda, previsión, educación y salud". Mi intención es hablarle a personas que entienden que los textos jurídicos, por excelentes que sean, no resuelven automáticamente los difíciles problemas de la pobreza, la desigualdad y la escasez[8].

---

8   Cuestión distinta es que yo crea firmemente que en la misma medida que un régimen constitucional configura un Estado más democrático, más participativo, más

Aun cuando siempre he sabido que, en su origen, la Constitución de 1980 fue una imposición violenta, sectaria y fraudulenta, la base principal de mi alegato por una Nueva Constitución no radicará en insistir en lo equivocadas o injustas que eran las ideas de un hombre que fue cobardemente asesinado hace 24 años (Jaime Guzmán). Intentaré, más bien, razonar en base a lo que nuestra Patria necesita hoy.

Dicho lo anterior, se comprenderá, espero, que, en vez de partir con la crítica a la Carta Fundamental vigente, este libro comience discutiendo qué es lo que podemos, o debemos, entender por Constitución[9].

Comenzar por el principio, esto es, preguntándonos **¿qué es una Constitución?**, presenta varias ventajas.

El comprobar que no existe un único significado posible de "Constitución" sino que varios de ellos, ayuda, en primer lugar, a captar mejor la naturaleza de nuestro debate constituyente. Lo que ocurre, en efecto, es que –muchas veces– las discrepancias entre unos y otros derivan del hecho que las personas que polemizan usan la expresión "Constitución" en un sentido muy distinto. Advertir esta polisemia nos ayudará, entonces, a entender mejor las diferentes posiciones sobre el tema constitucional.

Partir discutiendo el concepto de "Constitución" tiene una virtud adicional. Una vez que hayamos escogido como propio uno de los sentidos posibles de dicho término, tendremos un parámetro desde el cuál hacer una crítica personal, y reflexiva, del texto de la Carta Fundamental que nos rige.

Las Constituciones no son ideas puras. Son instituciones situadas en el tiempo y en el espacio. Por lo mismo, y antes de discutir las distintas

---

inclusivo, más transparente y más responsable, mayores serán las posibilidades de que en el sistema político en cuestión se expresen y se procesen las necesidades y los derechos de las grandes mayorías. Ahora bien, del hecho que un buen orden constitucional provea de mejores procesos, no se sigue, por supuesto, que los resultados hayan de ser necesariamente positivos u óptimos.

9   Proponiendo también partir por una discusión sobre el concepto de Constitución, aunque llegando a conclusiones muy distintas a las mías, véase: **Delaveau, Rodrigo**: *"¿Nueva Constitución? Bases conceptuales para el debate constitucional"*, Ideas para el Debate Nº 3, CLAPES UC, Mayo de 2015, pp. 59-65.

definiciones abstractas, parece conveniente referirnos a la fuerza histórica de la que nacen las constituciones: el constitucionalismo.

Constitucionalismo

El **constitucionalismo**, concepto de fuerte carga normativa, alude a un conjunto de ideas y prácticas institucionales que, bajo el impulso original del liberalismo, pero enriquecido luego por otras tradiciones, ha promovido, con relativo éxito, el ideal de sujetar el poder político a una racionalidad moderna que entiende al Pueblo como su único titular legítimo, al Estado como un conjunto de órganos separados y limitados por el Derecho y a las personas como sujetos de derechos inalienables[10].

El constitucionalismo es, desde su origen, un cuerpo de ideas sometido a una cierta tensión interna. Desde un punto de vista, es radical y revolucionario, pues propuso sustituir formas tradicionales de legitimidad (dinástica, origen divino) por unas formas de legitimidad nuevas (pacto social, naturaleza humana, el Pueblo, la nación). Al mismo tiempo, sin embargo, siempre ha sido moderador y estabilizador, pues aspira a institucionalizar el ejercicio del poder, imponiéndole límites al Estado y, al mismo tiempo, busca garantizar esferas de libertad a los individuos. Como lo veremos, esta dualidad es una faceta que sigue caracterizando al constitucionalismo.

La génesis del constitucionalismo está ligada a la expansión, durante los siglos 17, 18 y 19, de los intereses de la clase burguesa europea. Constituye, además, la proyección al terreno institucional del desarrollo y posterior triunfo de las ideas y prácticas del liberalismo.

Revisemos, brevemente, estos orígenes.

Sin perjuicio de otros antecedentes importantes, el constitucionalismo se fragua, principalmente, en el contexto de las luchas políticas

---

10 No se confunda con *neoconstitucionalismo*. Este es el nombre con que se designa la perspectiva de autores como Favoreau y Zagrebelski, que, a partir de 1980, se caracteriza por propugnar ideas como la vinculación directa de las Cartas Fundamentales y la preeminencia de Cortes Constitucionales reforzadas.

que libran los *Whigs* británicos contra la legitimación absolutista del poder monárquico. Esta pugna surge a partir de la iniciativa del líder *whig*, Lord Shaftesbury, en mayo de 1679, en orden a que el Parlamento aprobara una ley excluyendo a los católicos de la sucesión monárquica ("*Bill of Exclusión*"). El asunto no era meramente teórico. El Rey Carlos II envejecía sin tener heredero. En esas circunstancias, sería su hermano Jacobo, católico desembozado, el llamado a sucederlo. Carlos II, y con él el partido *Tory*, se oponen al *Bill of Exclusion*. Durante tres años esta polémica será el centro del debate político británico.

Fue al calor del debate del *Bill of Exclusion* que John Locke, consejero de Shaftesbury y panfletista del movimiento *Whig*, va a ir perfilando la ideología de los partidarios de la Monarquía Parlamentaria. Tales ideas, a su vez, se van a transformar, una vez refinadas, en los siete pilares iniciales del constitucionalismo:[11]

1. Las personas tienen derechos anteriores al Estado.

2. Entre estos derechos, destacan la vida, la libertad y la propiedad.

3. Las personas constituyen los gobiernos con el objeto de asegurar, precisamente, tales derechos.

4. Los gobiernos funcionan sobre la base de poderes divididos y limitados.

5. Corresponde al Parlamento, integrado por representantes libremente elegidos por la comunidad, aprobar todo y cualquier gasto público y, en general, concurrir a la elaboración de las leyes.

6. El gobierno debe sujetarse a la ley.

7. Cuando un gobierno traiciona su razón de ser, el Pueblo tiene derecho a deponerlo.

Como se sabe, los *Whigs* perderían, en lo inmediato, la lucha por el *Bill of Exclusion*. A punta de disoluciones anticipadas y argucias

---

11 **Wooton, David** (editor): "Political Writings of John Locke", Mentor, Canada, 1993.

reglamentarias, los partidarios del Rey Carlos II, los *tories*, se las arreglaron para que el Parlamento no aprobara dicha ley. Fallecido Carlos, Jacobo pudo, por tanto, asumir como Rey. No conservaría por mucho tiempo, sin embargo, la Corona. Su intransigencia fue tal que terminó ganándose la enemistad de casi toda la sociedad inglesa. Sus adversarios no necesitaron ganar ninguna batalla para obligarlo a huir del país (la célebre *Glorious Revolution* de 1688).

Los triunfadores de 1688 instauraron un régimen nuevo. Subsistirá la Monarquía pero supeditada al principio de la soberanía parlamentaria. Con base en el *Bill of Rights* (1689), la venerable Carta Magna (1215) y un acervo creciente y acumulativo de prácticas y doctrinas, nace, entonces, una fórmula que será exitosa[12]. Se sucederán siglos de paz interna. El sistema de partidos y el gobierno de Gabinete se consolidarán. Empezará a hablarse, con admiración, de la Constitución Británica[13].

Setenta años después que John Locke escribiera su "Tratado sobre el Gobierno Humano", un entusiasta admirador francés de la Constitución Británica, Montesquieu, desarrollaría y complementaría los principios definidos por aquel. La principal contribución de Montesquieu radica, probablemente, en haber enfatizado la necesidad de jueces independientes cuya tarea consiste en aplicar a los casos concretos, estrictamente y con total imparcialidad, la solución definida por la ley[14].

---

12   El sistema ya estaba plenamente consolidado en 1750 cuando Blackstone pronuncia en Oxford las conferencias que serán la base de sus famosos "Comentarios" sobre las leyes inglesas.

13   "The institutions which enabled the nation to excel alike in the arts of war and peace attracted the admiration of intelligent observers at home and abroad and evoked the attachment and pride of those whose regard, if less reasoned, was no less firmly grounded on advantage and sentiment. As decade succeeded to decade of external progress, domestic tranquility, and increasing wealth and refinement, the constitution which maintained these happy conditions came to be the object of a deepening veneration which the comments of foreign eulogists as Montesquieu and Voltaire flatteringly confirmed", **Keir, David Lindsay**: *"The constitutional history of modern Britain"*, Adam and Charles Black, London, Fifth Edition, 1953, p. 293.

14   Rodrigo Correa insiste en cuanto a que Montesquieu no defendió un Poder Judicial Independiente –cuestión que consideraba en tensión con la libertad republicana– sino que a jueces independientes. **Correa, Rodrigo**: *"El Gobierno judicial ante la Constitución"*, Revista de Estudios de la Justicia, Nº 6, Año 2005, pp. 117-126. En la misma línea, **Atria, Fernando**: *"La Improbabilidad de la Jurisdicción"*, en La Judicatura

Casi cien años después de Locke, y treinta después de Montesquieu, las ideas centrales del constitucionalismo fueron sintetizadas magistralmente en la "Declaración de Independencia de los Estados Unidos de América" y en la "Declaración de los Derechos del Hombre y del ciudadano".

Como lo decíamos más arriba, el constitucionalismo estará tensionado, desde su origen, por las distintas formas en que se ponderan la finalidad de encontrar una nueva fundamentación al poder, por una parte, y la preocupación por imponer límites al Estado, por la otra. Estas distintas sensibilidades se expresarán cada vez que deba abordarse la tarea constituyente. Y si los federalistas en Estados Unidos y los girondinos en Francia parecen especialmente preocupados por encontrar una arquitectura equilibrada de poder que asegure eficacia y que salvaguarde la libertad y la propiedad individuales, los antifederalistas norteamericanos y los jacobinos galos estarán mucho más interesados en hacer efectiva la promesa de autogobierno directo del Pueblo. En la medida que la Revolución Francesa entraba en su fase más radical, un *whig* prominente como Edmund Burke, que había aplaudido la aventura constitucional moderada de los colonos de Norteamérica, va a denunciar con toda su energía el asambleísmo y el igualitarismo de Marat y Robespierre.

A juicio de Peter Haberle, uno de los más importantes iuspublicistas de la segunda mitad del siglo XX, la experiencia acumulada de casi 350 años de desarrollo teórico y práctico le permiten al constitucionalismo definir "un verdadero arquetipo de Constitución democrática. Dicho arquetipo se compone de elementos reales e ideales, estatales y sociales, todos ellos apenas localizables en el seno de un único Estado constitucional en forma simultánea, pero con tendencia a lograr un nivel de 'ser' lo más adecuado posible, y en vistas a un 'deber ser' óptimo"[15].

En el curso de los últimos cien años, este arquetipo de constitución ha ido incorporando nuevos elementos.

---

como Jurisdicción, Instituto de Estudios Judiciales y Expansiva, 2007, p. 35-53.

15 Haberle, Peter: *"Teoría de la Constitución como Ciencia de la Cultura"*, Tecnos, 2.000, p. 33.

En la medida que se desarrollaba la lucha por la expansión del sufragio, primero, y la operación de mecanismos participativos eficaces, luego, el constitucionalismo profundizaría sus preocupaciones democráticas. De este modo, y sin abandonar la preocupación propiamente liberal por limitar el poder estatal, desde mediados del siglo 19 se entiende que las constituciones deben ser, también, facilitadoras del ejercicio de la ciudadanía. Este proceso está dinamizado históricamente por distintas luchas políticas (por ejemplo, la lucha de los movimientos y partidos de raigambre obrera por eliminar las barreras legales y fácticas que minimizan su poder electoral o las reformas progresistas que buscan atenuar el poder de los *bosses* y las maquinarias partidarias en los Estados Unidos).

El constitucionalismo tampoco sería sordo a las luchas que, desde la primera mitad del siglo 19, libra el movimiento obrero organizado a efectos de corregir los abusos del desarrollo capitalista desregulado y mejorar las condiciones de vida del proletariado. Y es así como, en diálogo con la socialdemocracia y el socialcristianismo, el constitucionalismo ganará una dimensión social.

En el siglo 20, el *Judicial Review*, ya sea en su versión norteamericana o en la variante Kelseniana, se vuelve una práctica casi universal. En el plano de las estructuras, ganan presencia las instituciones autónomas y los mecanismos de vigilancia al poder. Se amplía, en fin, el catálogo de los derechos fundamentales.

En la medida en que el constitucionalismo triunfa a nivel mundial, se va volviendo menos eurocéntrico. Y así, la demanda cultural por el reconocimiento a las diferencias –en principio incómoda y hasta peligrosa en la óptica del liberalismo más clásico– va plasmándose en fórmulas institucionales que, no por ser novedosas, dejan de ubicarse en el marco del constitucionalismo (piénsese en el reconocimiento de la población aborigen en Australia y Canadá). La experiencia de una política racial o religiosamente polarizada da lugar a novedosas formas transitorias de *power-sharing* (Sudáfrica o el Líbano). En fin, y en la medida en que la democracia constitucional intenta echar raíces en países de mayoría musulmana, la tolerancia y la neutralidad laica del

Estado como la entendieron Voltaire o Clemenceau tiene que ir haciendo algunas adaptaciones que, sin abdicar del propósito de separar lo estatal de lo religioso, se hacen cargo, sin embargo, de la especificidad cultural (por ejemplo, en Turquía).

Constitución

La palabra Constitución encierra varios significados posibles. Y todos muy distintos entre ellos. En la medida en que muchas veces los desacuerdos en materia constitucional derivan del hecho que se sustentan, de entrada, conceptos distintos de constitución, los intentos por definir y explicar pueden ayudar a mejorar la calidad de la discusión. No tenemos, por supuesto, derecho a exigir a los demás que adopten nuestras definiciones. Lo que sí podemos pedir es que cada uno de los participantes en el debate transparente cuál es su idea de Constitución y que, a continuación, razone en consonancia con esa opción.

Durante mucho tiempo la palabra constitución se utilizaba para describir a la suma de todas las circunstancias políticas, sociales, económicas, geográficas y culturales que caracterizan y/o explican el modo de vida de una sociedad. Ese es el sentido, por ejemplo, en que Aristóteles utiliza el término constitución. No puede extrañar, entonces, que en el análisis de la Constitución de una Polis se examinaran, entre otras cuestiones, la estructura social, las capacidades militares, la disponibilidad de materias primas o el clima[16].

Las cosas cambiarían con las revoluciones norteamericana y francesa. Ahora la palabra Constitución ya no corresponde a la suma de las condiciones de la vida social, sino que pasa a predicarse de aquellos documentos organizativos del Poder que hacen suyos los valores y principios del constitucionalismo. De esta manera, y desde fines del siglo 18 y hasta mediados del siglo 19, decir Constitución era decir, al

---

16 No pocas de las personas que se movilizan entusiastamente a favor de una Nueva Constitución lo hacen, probablemente, porque, adoptando un concepto totalizante de Carta Fundamental (ella es todo), entienden que el cambio constitucional es, necesariamente, el cambio de modelo social económico.

mismo tiempo, soberanía nacional o popular, separación de los poderes, *rule of law*, reconocimiento de derechos a los individuos, *checks and balances*, etc. No de otra manera se explica la forma enfática en que la Declaración francesa de los Derechos del Hombre y del Ciudadano dirá en 1789: "Toda sociedad en que la garantía de los derechos no está asegurada, ni la separación de los poderes determinada, no tiene Constitución" (artículo 16).

Este carácter esencialista del concepto de Constitución, marcado por contenidos "liberales", es la consecuencia natural de la forma en que este surge históricamente a fines del siglo 18[17]. En la medida en que se entendía que la Constitución constituía una especificación del Pacto o Contrato Social, era evidente que ella venía a sustituir la legitimidad tradicional o de origen divino.

Esta comprensión sustantiva de "Constitución" sería hegemónica por unas cinco o seis décadas. De esta manera, y cuando en 1832 Robert Von Mohl articula el concepto de **Rechstaat** (Estado de Derecho,) no lo hace pensando en una sujeción estricta a las formas legales ni en atención al respeto por las competencias, sino que lo hace más bien para referirse a un Estado que busca ensanchar las libertades de las personas. Para Von Mohl, Estado de Derecho es Estado de Razón. Y por "Estado de Razón", Von Mohl se refiere a un Estado que, más allá de validarse por la ejecución de tareas administrativas clásicas ("Estado de Policía"), se propone, además, crear condiciones que ordenan "la convivencia de modo que desarrolle las fuerzas de los individuos en un libre desenvolvimiento"[18].

---

17 La palabra "liberal", en todo caso, hará su estreno en sociedad recién hacia 1810. Será el nombre que adoptaran aquellos españoles que, simpatizando con las ideas centrales de la revolución francesa, se oponen, sin embargo, a la ocupación napoleónica de la península. Empuñando en sus manos la Constitución de Cádiz, los liberales librarán la guerra de independencia española contra el ocupante francés. En Gran Bretaña se la empezará a utilizar recién hacia 1830 por aquellos whigs más comprometidos con las reformas políticas (como es el caso de Lord John Russell).

18 **Abella, Joaquín**: *"Liberalismo alemán del siglo XIX: Robert Von Mohl"*, Revista de Estudios Políticos, Número 33, mayo-junio de 1983, p. 133.

En cuanto a la política, todavía a mediados del siglo 19 el reclamo por una Constitución sigue siendo también, e indisolublemente, la demanda por el reconocimiento de ciertas libertades. Así lo pensaban, por ejemplo, los delegados que, en 1849, votaron en Frankfurt el proyecto de la Constitución de la Catedral de San Pablo. Y si tanto el Rey Prusiano como el Emperador Austriaco desecharon dicha Carta Fundamental y dilataron cuanto pudieron el otorgamiento de algún texto constitucional a sus pueblos fue, precisamente, porque entendían que aceptar las Constituciones suponía, necesariamente, conceder que su poder quedaba sujeto a ciertos límites.

No obstante, las cosas cambiarían hacia 1860. Comienzan a desplegarse tendencias y fuerzas que irán trastocando el significado de la palabra Constitución. Dejará este de ser un concepto definido por ciertos contenidos democrático-liberales esenciales y se volverá un término caracterizado, más bien, por su efecto político o por ciertas condiciones formales.

Este vaciamiento político-moral del término "constitución" resulta del efecto sumado de dos fuerzas. Por un lado, es consecuencia del lenguaje "neutral" y "científico" de una generación de juristas alemanes empeñados en convencer, y convencerse, que el autoritarismo del II Reich es una forma tan moderna y racional como lo es, por ejemplo, el parlamentarismo británico[19]. Por otra parte, se alimenta del llamado que se hace desde la izquierda para dejar de prestar atención a la "Constitución como pedazo de papel" y a entender que, más allá de las declaraciones de principios, la verdadera constitución no es otra que la suma de los factores reales de poder social[20].

No puede sorprender, entonces, que hacia 1900, el principal iuspublicista de Europa, George Jellinek, pueda señalar que "la Constitución

---

19 Así, por ejemplo, la distinción entre ley en sentido formal y ley en sentido material le permitió a Laband blanquear la decisión de Bismarck de prescindir de la aprobación parlamentaria para efectos del gasto militar prusiano.

20 Esta es una distinción que formula en 1862 Lasalle, uno de los fundadores de la socialdemocracia alemana. En **Lasalle, Ferdinand**: *"¿Qué es una Constitución?"*, Ariel, 5° Edición, Barcelona, 1997.

de los Estados abarca (…) los principios jurídicos que designan los órganos supremos del Estado, los modos de su creación, sus relaciones mutuas, fijan el círculo de su acción y, por último, la situación de cada uno de ellos respecto del poder del Estado"[21].

Echemos un breve vistazo a los conceptos de Constitución que predominarán incontrarrestablemente entre 1860 y 1945[22].

Para muchos autores, sino la mayoría, la respuesta sobre eventuales contenidos constitucionales necesarios será categóricamente negativa. La Constitución se definirá por ser **la decisión fundamental del soberano.** Desde esta perspectiva, nadie podría definir, desde antes o desde afuera, cuáles han de ser esos mandatos soberanos. A la Constitución se la reconocerá, por tanto, por la fuerza jerárquica y/o rigidez de las órdenes en ella contenidas, independientemente de los contenidos que se asuman o escojan. Será Constitución, en cinco palabras, *lo que el constituyente quiera.* Breve o extensa; con o sin catálogo de derechos; con más o menos concentración de poder; la Carta Fundamental es la ley suprema sobre el territorio. Es el hecho de ser la obra del Constituyente, con el peso jurídico-político anexo, lo que le da al documento llamado Constitución su calidad de tal.

Existen otros autores que, aun cuando relevan el hecho que la Constitución sea esencialmente una determinación del constituyente, se ocupan de precisar que la Constitución es una decisión sobre cuestiones centrales. El autor más representativo de esta mirada es el profesor Carl Schmitt, quien reserva, entonces, el término Constitución, como algo distinto a leyes constitucionales, a *la decisión de conjunto*

---

21 **Jellinek, George:** *"Teoría General del Estado"*, Fondo de Cultura Económica, México, Segunda Reimpresión, 2004, p. 457.

22 Véanse, entre otros: **Schmitt, Carl:** *"Teoría de la Constitución"*, Alianza Editorial, Madrid, 1982; **Loewenstein, Karl:** *"Teoría de la Constitución"*, Ariel Derecho, Barcelona, Cuarta Reimpresión, 1986; **Burdeau, Georges:** *"Derecho Constitucional e Instituciones Políticas"*, Editora Nacional, Madrid, 1981; **Vanossi, Jorge Reinaldo:** *"Teoría Constitucional"*, 2 Tomos, Ediciones Depalma, Buenos Aires, 2000; **Carbonell, Miguel:** *"Teoría de la Constitución"* (Ensayos escogidos)", Editorial Porrúa, México, 4º Edición, 2008;

sobre modo y forma de la unidad política[23]. Como es obvio, sin embargo, Schmitt rechazaría la idea según la cual el constituyente se encuentra obligado a tomar una decisión en un sentido, determinada *a priori* por el constitucionalismo.

En un tercer grupo, se ubican aquellos especialistas que, considerando que la Constitución se define por cumplir una cierta función en el sistema jurídico, no dudan en exigir de las Cartas Fundamentales la inclusión de aquellos principios y mecanismos indispensables para que tal función sea cumplida. Así, y en la medida en que para Kelsen, por ejemplo, la Constitución es la cúspide de la pirámide normativa interna de un Estado y su función es determinar los modos de creación y modificación del Derecho, de ello se deriva lógicamente que dicho documento debe regular la producción jurídica. Sólo serán válidas para el territorio respectivo, entonces, aquellas normas que han sido generadas de acuerdo a los procedimientos establecidos en la Constitución. De esta caracterización kelseniana se desprende, entonces, que las Constituciones, para poder responder a su razón de ser, deben, como mínimo esencial, definir los mecanismos a través de los cuales se aprueban las leyes, se dictan los decretos y se expiden los fallos judiciales.

Por lo que se ha venido señalando, es evidente que las nociones formales o funcionales de Constitución se vuelven hegemónicas durante la primera mitad del siglo 20.

Hubo, sin embargo, una reacción.

Poco después del fin de la segunda guerra mundial, Karl Lowenstein, notable estudioso de las instituciones democráticas, y autor de una síntesis entre la teoría del Estado germana y la entonces naciente ciencia política norteamericana, había tomado nota del secuestro de la palabra Constitución: "Cada vez con más frecuencia, la técnica de la constitución escrita es usada conscientemente para camuflar regímenes autoritarios y totalitarios. En muchos casos, la constitución escrita no es más que un cómodo disfraz para la instalación de una concentración del poder

---

23   **Schmitt, Carl:** *"Teoría de la Constitución"*, Alianza Editorial, Madrid, 1982, p. 45.

en manos de un detentador único. La Constitución ha quedado privada de su intrínseco *Telos*: institucionalizar la distribución del ejercicio del poder político"[24].

Teniendo en cuenta el proceso descrito, Lowenstein propuso un nuevo intento de clasificación: A aquellos documentos que se sirven de las formas y el lenguaje del constitucionalismo para vestir una estructura autoritaria del poder las llamó **Constituciones semánticas**. A los documentos cuyos contenidos satisfacen las exigencias sustantivas del constitucionalismo, pero que, sin embargo, no tienen eficacia real los llamó **Constituciones nominales**. Reservó, en fin, el nombre de **Constituciones normativas** para referirse a aquellos textos que, junto con abrazar las definiciones de contenido del constitucionalismo, logran, además, imperar eficazmente sobre un territorio.

Escribiendo en 1977, Georges Burdeau da cuenta de dos conceptos de Constitución. Uno, que él llama neutro u objetivo, refiere a las reglas relativas a la designación de los gobernantes, a la organización y funcionamiento del Poder Político y se predica de todo Estado, independientemente de su carácter absolutista o liberal, autoritario o democrático. El otro concepto, políticamente comprometido, e imbuido por la doctrina revolucionaria de 1789, "asimila la Constitución con aquella cierta forma de organización política que garantiza las libertades individuales trazando unos límites a la actividad de los gobernantes"[25].

Aun cuando Burdeau parece inclinarse por la noción políticamente neutra de Constitución, acusando a la otra visión de mantener voluntariamente un equívoco, me parece interesante que todavía recuerde la noción sustancial.

---

24 **Lowenstein, Karl:** *"Political power and the governmental process"*, University of Chicago Press, 1957. Traducido al alemán en 1959 como Verfassungslehre y al castellano como Teoría de la Constitución (ediciones en 1965, 1976, 1886, etc.). **Lowenstein, Karl:** *"Teoría de la Constitución"*, Ariel Derecho, Barcelona, 1986, pp. 213-216.

25 **Burdeau, Georges:** *"Derecho Constitucional e Instituciones Políticas"*, Editora Nacional, Madrid, 1981, pp. 79-80.

Diez años después, en 1987, Giovanni Sartori, otro importante estudioso de la democracia, reclamaba contra este empleo indiscriminado de la palabra "Constitución". Sobre la base del estudio histórico prueba que esta palabra nace ligada, esencialmente, a la idea de la limitación del poder. Y así se entendió, dice él, durante 130 años (entre 1776 y 1920 aproximadamente). Advierte, sin embargo, que un uso formal o neutro, sustentado por el positivismo y pretendidamente validado por precedentes aristotélicos y romanos, ha tendido, en los últimos 90 años, a fagocitar el significado de garantía. "Y es aquí en donde yo me rebelo", señala Sartori[26].

Yo también me rebelo. Si de mí dependiera, me encantaría poder rebautizar como "instrumentos de gobierno" a todas aquellas pretendidas constituciones contemporáneas que no hacen otra cosa que asegurar la posición de quienes detentan el poder. Reconociendo que parece improbable un retorno universal al lenguaje sustantivo, lo menos que se puede hacer, sin embargo, es desenmascarar, desde el constitucionalismo, a estas pseudo constituciones.

Adhiero, en lo personal, entonces, a la visión sustancial y teleológica de Constitución. Siguiendo a Karl Lowenstein, concibo a la Carta Fundamental como **la decisión del Pueblo, en forma de Ley Fundamental y Pacto Político que, imperando eficazmente sobre un territorio, tiene el efecto de limitar el poder político estatal, de servir de cauce a la acción política del Pueblo y de proteger los derechos de todas las personas.**

Esta definición, que me parece la más coherente con la historia del constitucionalismo, tiene la virtud de exigir ciertos contenidos mínimos para las Constituciones, sin los cuales un documento no merecería ser llamado, en propiedad, como tal. Por otra parte, la exigencia de un cierto *quantum* de eficacia permite desestimar los textos puramente aspiracionales.

Al momento de concluir este sumarísimo *Manual de Cortapalos* sobre el concepto de Constitución, quisiera introducir una última

---

26   **Sartori, Giovanni:** *"Elementi di Teoria Politica"*, Bologna, Il Mulino, 1987, pp. 13-25.

clasificación[27]. Me referiré a la distinción entre Constituciones Valóricas y Constituciones Neutras.

La Constitución **Valórica**, a la que también se la llama Constitución ideológica-programática, es aquella que asume un compromiso explícito con un conjunto significativo de valores o principios doctrinarios, el que puede llegar a reflejar una completa visión de la persona y la sociedad[28]. Ejemplos de este tipo de Constituciones serían la Ley Fundamental de Bonn de 1949, la Constitución de Portugal de 1976 y la Constitución Política chilena de 1980[29].

Constitución **Neutra**, también denominada utilitaria, en cambio, es aquella que se ocupa, principalísimamente, regular la gestión de los negocios gubernamentales en los órganos estatales superiores, con un reconocimiento de derechos más bien escueto y sin referencia a definiciones doctrinarias o valóricas[30]. Ejemplos de este tipo de Constituciones serían las Constituciones francesas de 1875 y de 1958.

Dado que presenta alguna relación con la idea de Constitución Neutra, aunque no es exactamente un equivalente, conviene, en este punto, referirnos a lo que se ha venido en identificar como enfoque o prisma **Minimalista** de Constitución. Entre nosotros, ha sido el profesor José Francisco García quien ha planteado con más fuerza y lucidez este

---

27   La expresión "Manual de Cortapalos", no muy académica, hay que decirlo, es la traducción al castellano del *"Junior Woodchucks Guidebook"*, el libro del que se valen Hugo, Paco y Luis, los sobrinos del Pato Donald, cada vez que se enfrentan a una situación desconocida, enigmática o peligrosa. El *Guidebook* es un volumen que contiene, en apretada síntesis, todo lo que pueden necesitar un explorador. En la historia "Los guardianes de la Biblioteca perdida" (1993) se explica que los autores de este volumen fueron los cuidadores de la gran Biblioteca de Alejandría. Desde la traducción al español de estas historietas, hace ya 60 años, "Manuel de Cortapalos" se utiliza para referirse a una guía básica de instrucciones.

28   Véase en **Cumplido, Francisco** y **Nogueira, Humberto**: *"Teoría de la Constitución"*, Fondo de Cultura Económica, Santiago, 1986, p. 43.

29   Defendiendo los componentes valóricos de la Constitución chilena vigente véase a **Peña, Marisol**: *"Reforma Constitucional e Identidad constitucional"*, Ideas para el Debate Nº 3, CLAPES UC, Mayo de 2015, pp. 34-43. Criticando dicho compromiso **Zuñiga, Francisco**: *"Bases de la Institucionalidad. Apuntes acerca de las normas de principio en la Nueva Constitución"*, Ideas para el Debate Nº 3, CLAPES UC, Mayo de 2015, pp.44-58.

30   **Cumplido, Francisco** y **Nogueira, Humberto**: Op. Cit., p. 43.

punto de vista. Para García, el minimalismo rescata la modestia de la empresa constitucional postulando, al menos, las siguientes tres tesis: "1) la Constitución no zanja las controversias sociales fundamentales; 2) La Constitución no es un proyecto acabado, un estado o etapa final, sino una actividad; y 3) Una Constitución solo debe contener reglas básicas, tanto en lo orgánico como desde la perspectiva del catálogo de derechos"[31].

Como se verá a lo largo de este libro, soy partidario de una Nueva Constitución que contenga bastantes más cosas que las que el minimalismo podría tolerar. No obstante, creo que la austeridad constitucional que propugna es un inteligente antídoto contra cierta peligrosa tendencia a constitucionalizarlo todo.

El peso de las definiciones

Dijimos, al iniciar este capítulo, que el análisis del concepto de "Constitución" puede ayudarnos a reflexionar sobre nuestras diferentes posiciones frente al debate constituyente. Es en base a las distinciones esbozadas en las páginas anteriores, entonces, que me permito –a continuación–, invitar al lector a que haga el ejercicio de asumir cuál podría ser la definición de Constitución que prefiere y que, luego, medite las consecuencias de dicha opción.

Si usted es de aquellas personas que entiende que la Constitución no es otra cosa que la forma en que está organizada *la sociedad*, lo más probable, entonces, es que su entusiasmo por una Nueva Constitución sea bastante inseparable de su afán político por sustituir, con mayor o menos radicalidad, el modelo de desarrollo que impera en Chile.

Si, por otra parte, usted es de aquellas personas que entiende que la Constitución es, más bien, un conjunto de reglas que, principalmente, organizan el poder político del Estado, su apoyo a la idea de una Nueva Constitución no implica necesariamente la aspiración

---

31 **García, José Francisco**: *"Minimalismo e incrementalismo constitucional"*, Revista Chilena de Derecho, Volumen 41, Nº 1, Enero-Abril de 2014, p. 270.

de transformar profundamente la estructura económica, social o cultural del país.

Si usted cree que lo único propio y característico de una Constitución es el hecho de ser la manifestación genuina de la voluntad del soberano (y, en ese punto, espero, está pensando en el Pueblo), es bien probable que su preocupación principal vaya en la dirección de asegurar que el proceso constituyente sea auténticamente participativo, más allá de cuales pudieran ser los contenidos que resulten.

Si usted ha terminado convenciéndose que el concepto de Constitución debe considerar ciertos contenidos liberales, sociales y democráticos ineludibles; yo esperaría que usted, junto con demandar procedimientos participativos, se preocupe, también, de actuar políticamente para que el producto resultante de este proceso satisfaga las exigencias del constitucionalismo.

Si usted es partidario de una Constitución Valórica, usted debiera estar entre quienes defenderán una Nueva Constitución que siga reconociendo ciertas definiciones doctrinarias, ya sea que usted postule preservar los valores hoy consagrados o su reemplazo por un conjunto de principios de otro signo filosófico.

Si usted adscribe al enfoque minimalista de Constitución, su ideal de Nueva Constitución será el de un texto parco en materia de declamaciones doctrinarias, sobrio en lo que respecta al reconocimiento de derechos y con un especial acento en el arreglo propiamente institucional[32].

---

32 Sin que ello signifique, necesariamente, adscribir al minimalismo constitucional, el profesor Jorge Correa ha venido insistiendo en la necesidad de poner el énfasis en las dimensiones orgánicas de la Carta Fundamental, reforzando el derecho ciudadano a la igualdad política, evitando otorgar poderes decisorios autónomos a los jueces y sacando de la Constitución ("entrarle con goma y no con lápiz") todo aquello que la abanderice con algún determinado bando de la política nacional o con alguna especie de política pública. Véanse las intervenciones de Jorge Correa en el ciclo "Diálogos Constitucionales", Centro de Estudios Públicos, Santiago, 2015, especialmente en pp. 114-117 y **Correa, Jorge**: *"Una Nueva Constitución: desafíos críticos"*, Revista Mensaje, Enero –Febrero de 2014, pp. 34-37.

II

El Problema Constitucional
en el contexto latinoamericano

Más allá de nuestras propias especificidades, que las tenemos, Chile comparte muchos de los problemas, desafíos y esperanzas del continente del que somos parte. Esta circunstancia aconseja, me parece, hacer un esfuerzo por situar nuestra discusión constitucional en el contexto más amplio de los debates que ocupan a nuestro entorno geográfico y cultural más directo.

La primera constatación que salta a la vista es que el desarrollo del constitucionalismo en América latina ha sido difícil. Si bien las ideas que expresa esa tradición han estado en la base del discurso político desde las luchas independentistas, la implantación de sus instituciones y prácticas ha sido compleja, desigual y precaria[33]. Hablando con las categorías de Lowenstein citadas más arriba: en nuestras tierras, desgraciadamente, han sobrado las Constituciones **nominales** y **semánticas** y han escaseado las Constituciones **normativas**[34].

---

33   Para un completo y profundo estudio sobre el constitucionalismo de América Latina, consúltese: **Gargarella, Roberto**: *"La sala de máquinas de la Constitución"*, Katz Editores, Buenos Aires, 2014.

34   En su edición del 15 de marzo de 2013, la revista *The Economist* llamaba la atención sobre la volatilidad de los textos constitucionales latinoamericanos. La publicación británica recordaba que, desde sus respectivas independencias, siempre hace menos de 200 años, República Dominicana ha tenido 32 constituciones, Venezuela 26 y Ecuador 20. Y así, considerando el período 1789-2001, *The Economist* anotaba que mientras el país europeo medio había tenido un promedio de 3.2 constituciones, el país latinoamericano medio había tenido un promedio de 10.7 constituciones.

Diversas son las explicaciones que se ofrecen para dar cuenta de estas dificultades[35]. Los autores conservadores tienden a resaltar lo que advierten como tensión o contradicción inescapable entre el liberalismo, ya fuere en su vertiente lockiana o jacobina, y el sustrato cultural hispánico y católico de nuestros países[36]. Para la izquierda marxista, los ideales del constitucionalismo liberal apenas habrían permeado en la delgada capa de la burguesía de origen europeo, sin involucrar, ni favorecer, a las grandes mayorías mestizas o indígenas[37].

La prestigiosa revista destacaba, finalmente, que mientras la expectativa de vida de una constitución europea era de 77 años, la esperanza de vida de una carta fundamental americana era de apenas 16.5 años.

35 Destacando las diferencias entre los que llama "erizos barrocos" y "zorros góticos", Claudio Véliz ha propuesto una interesante, aunque discutible, teoría cultural para explicar las diferencias entre los logros económicos y en materia de organización política, en el Nuevo Mundo, de los herederos de tradición cultural ibérica y los herederos de la tradición cultural inglesa. **Véliz, Claudio**: *"Los dos mundos del nuevo mundo"*, Tajamar Editores, Chile, abril 2011.

36 Así, véanse de **Bernardino Bravo Lira**: *"Grandes etapas del estado constitucional en Chile y en los demás países de habla castellana y portuguesa"*, Revista Chilena de Derecho, Volumen VI, 1979, pp. 36-49. *"La metamorfosis de la legalidad en Argentina desde el siglo XVIII hasta el siglo XX"*, Revista Chilena de Derecho, Volumen XIII, 1986, pp. 143-155. *"La Constitución brasileña de 1988. Antecedentes histórico-institucionales"*, Revista Chilena de Derecho, Volumen XV, 1988, pp. 213-233. *"Hispanoamérica al filo de los años 1990: renovación de las instituciones políticas"*, Revista Chilena de Derecho, Volumen XVI, 1989, pp. 207-220. *"Honor, Vida y Hacienda. Estado de derecho en el mundo hispánico (Siglos XVI al XXI). Contrastes con el rule of law y régne de la loi ilustrado"*, Revista de Derecho Público, Volumen 67, 2005, pp. 23-58.

37 Mariátegui escribe en 1928 que la "República es el Perú de los colonizadores más que de los regnícolas", ajena a los sentimientos e intereses de las cuatro quintas partes de la población. **Mariátegui, José Carlos**: *"Siete Ensayos de interpretación de la realidad peruana"*, Editores Independientes, México, Primera Edición de Bolsillo, 2007. Escribiendo a propósito del aniversario número 100 de la Independencia de Chile, Luis Emilio Recabarren decía: "Nosotros, desde hace tiempo ya estamos convencidos que nada tenemos que ver con esta fecha que se llama el aniversario de la independencia nacional, creemos necesario indicar al pueblo el verdadero significado de esta fecha, que en nuestro concepto solo tienen razón de conmemorarla los burgueses, porque ellos, sublevados en 1810 contra la corona de España, conquistaron esta patria para gozarla ellos y para aprovecharse de todas las ventajas que la independencia les proporcionaba; pero el pueblo, la clase trabajadora, que siempre ha vivido en la miseria, nada, pero absolutamente nada gana ni ha ganado con la independencia de este suelo de la dominación española...". **Recabarren, Luis Emilio**: *"El balance del siglo: Ricos y pobres a través de un siglo de vida republicana"*, en Godoy, Hernán (compilador): "Estructura social de Chile", Editorial Universitaria, Santiago, Chile, 1971, pp. 305-306.

Roberto Gargarella ha planteado que uno de los problemas del constitucionalismo liberal latinoamericano es que, en aras de asegurar(se) estabilidad (¿gobernabilidad?), ha sido históricamente muy dependiente del conservadurismo –que él sintetiza como la suma de paternalismo moral y autoritarismo político–, rasgo que le ha impedido desarrollar suficientemente su faz o dimensión igualitaria[38]. Ese déficit igualitario conspiraría contra las posibilidades de un constitucionalismo latino-americano robusto.

Numerosas han sido, qué duda cabe, las causas que han conspirado contra el arraigo del constitucionalismo en nuestros países. Ahora bien, ni siquiera la suma de todos estos factores sociales, económicos, culturales y políticos ha podido impedir que las ideas del autogobierno sujeto a límites, del equilibrio de poderes y de la garantía de los derechos hayan ido incorporándose progresivamente en las distintas institucionalidades. El progreso, en todo caso, ha estado lejos de ser lineal. Examinando los 200 años de vida independiente de Sudamérica, y siguiendo un orden cronológico, es posible identificar seis modelos de organización político constitucional. A saber:

Modelo constitucional de la República Autoritaria

Estos proyectos de organización constitucional buscan reconstituir un orden estatal autoritario que, con ropaje republicano, ponga fin al período de inestabilidad política que sucede a la lucha emancipa-dora[39]. Las propuestas institucionales de Páez en Venezuela, Rosas en Argentina, Portales en Chile y Santa Cruz en Perú ejemplifican bien este tipo de régimen.

---

38   Gargarella, Roberto: *"Los fundamentos Legales de la desigualdad. El constitucio-nalismo en América (1776-1860)"*, Siglo XXI, Nueva Ciencia Política de América Latina, 2005, pp. 247-248.

39   Para un análisis sobre las causas que pudieren explicar los problemas que experi-menta el primer constitucionalismo latinoamericano, entre 1810 y 1830, véase, con especial foco en México y Venezuela, a **Aguilar, José Antonio**: *"En pos de la Quimera"*, Fondo de Cultura Económica, México, 2000.

Ahora bien, desde el punto de vista formal estos esfuerzos se ven plasmados, entre otras, en las constituciones de 1826 (Venezuela), de 1826 (Argentina) y de 1833 (Chile).

Modelo constitucional
de la República Liberal y Parlamentaria

Este paradigma se abre paso en el continente a partir de la lucha de las burguesías emergentes para terminar de romper el legado colonial. Resulta imposible fijar con exactitud los límites temporales de este modelo. En Colombia vive un primer momento a partir de 1858, en Chile se instala hacia 1870, en Ecuador se presenta en 1896 con Eloy Alfaro y en Uruguay se consolida a partir de 1903. El ocaso del constitucionalismo puramente liberal es un poco más simple de precisar. En efecto, hacía 1930 –época de crisis económica y ascenso del fascismo y del comunismo– prácticamente todos los países del área habían derivado hacia alguna variante –democrática, populista o autoritaria– del **Estado Benefactor** y su expresión jurídica: el **constitucionalismo social**.

Modelo constitucional
de la Democracia Social y de partidos

El Estado Benefactor (de Bienestar, Social o Providente) latinoamericano comienza a perfilarse en la segunda década del siglo 20. Su irrupción más potente, sin duda, se manifiesta a través del régimen mexicano que depone a Porfirio Díaz e instaura el constitucionalismo social (Carta de 1917). En clave evolucionista, este modelo comienza a abrirse paso con los triunfos electorales de Hipólito Yrigoyen en Argentina (1916) y de Arturo Alessandri en Chile (1920). Desde un punto de vista normativo este proyecto social se plasmará, entre otras, en la Constitución política chilena de 1925.

Con orígenes más tardíos, y quizás por eso más tumultuosos, este modelo se desarrollará también en variantes nacionalistas, populistas y corporativistas (por ejemplo, el Estado Novo brasileño en 1930, el peronismo en la Argentina de 1946 y el Movimiento Nacionalista Revolucionario en la Bolivia de 1952).

Un elemento característico de esta etapa del desarrollo institucional de las democracias latinoamericanas es la centralidad de los partidos políticos. Estos dejan de ser la expresión electoral de una pequeña elite y pasan a ser poderosas maquinarias que, movilizando a vastos sectores del país, se proponen emprender ambiciosas reformas del Estado y la sociedad (Justicialistas argentinos y el APRA en Perú). En otros países, los partidos políticos están en condiciones de pactar un verdadero cogobierno que ponga fin a la violencia política. Es el caso de la alternancia pactada (Frente Nacional) con que liberales y conservadores colombianos se turnan en la presidencia entre 1958 y 1974 y del "Pacto de Punto Fijo" por el cual se reparten el poder en la Venezuela post 1958 Acción Democrática, COPEI y la URD.

Los nuevos aires de los años sesenta sacudirán los cimientos de este modelo. La radicalización de las demandas sociales, los coletazos regionales de la guerra fría, el fenómeno de la insurgencia y las crisis del petróleo y de la deuda externa afectarán la estabilidad de estas democracias. La incapacidad del Estado benefactor para derrotar la inflación o para superar la miseria del continente termina por poner en tela de juicio la legitimidad de estos ordenamientos constitucionales.

Modelo constitucional del Estado de la Seguridad Nacional

En el curso de solo diez años, entre 1963 y 1973, Argentina, Bolivia, Brasil, Chile, Ecuador, Perú y Uruguay verán interrumpirse su desarrollo democrático. Los militares instalarán modelos estatales que, aun cuando tienen particularidades, presentan un conjunto de aspectos comunes: supresión, o severa limitación, de la actividad partidista, vulneración sistemática de los derechos humanos de los disidentes, férreo anticomunismo, adopción de la "doctrina de seguridad nacional" y dirección castrense de la acción gubernativa.

Algunas de estas dictaduras militares van a introducir reformas significativas en sus ordenamientos constitucionales, sin llegar, en todo caso, a la sustitución formal y completa de los textos históricos. Así, por ejemplo, y en el caso de Argentina, las Juntas militares van a imponer en 1966 los Estatutos de la Revolución Argentina, en 1972 la reforma de la Revolución y en 1976 los Instrumentos constitucionales del proceso de Reorganización Nacional. Paralelamente, sin embargo, se mantiene, al menos en el papel, la vigencia de la histórica Constitución de 1853. Algo parecido ocurre con los dictadores peruanos que nunca van a derogar formalmente la Constitución de 1933.

En otros casos, las dictaduras castrenses van a intentar una refundación constitucional más ambiciosa. En esa línea, y en 1980, los militares uruguayos llamaron a un Plebiscito para reemplazar la Constitución de 1967. Para su sorpresa, el voto NO obtuvo un triunfo rotundo. Los militares brasileros y chilenos, en cambio, se las arreglaron para imponer nuevos textos constitucionales. Es el caso de la Constitución Brasileña de 1967 (reformada en 1969) y la de Chile de 1980, ambas consagrando un peculiar tipo de democracia "tutelada".

Modelo constitucional
del Estado de Derecho democrático y ciudadano

Así como la democracia se había perdido en una década, tomó también un decenio para que ella volviera al subcontinente[40]. Perú elige democráticamente una Asamblea constituyente en 1978. Ecuador tiene comicios libres en 1979. En Bolivia se recupera la democracia en 1982. Argentina celebra elecciones en 1983. Uruguay en 1984. Brasil en 1985. Chile, finalmente, volvería a la democracia en marzo de 1990.

---

40 Sobre el estado de la democracia en nuestra América Latina, véanse especialmente: **Rouquié, Alain**: *"A la sombra de las dictaduras. La democracia en América Latina"*, Fondo de Cultura Económica, Buenos Aires, Primera edición en español, 2011; **Soto, Ángel** y **Schmidt, Paula**: *"Las frágiles democracias latinoamericanas"*, El Mercurio-Aguilar, Santiago de Chile, 2008; **Walker, Ignacio**: *"La democracia en América Latina. Entre la esperanza y la desesperanza"*, Editorial Uqbar, Santiago de Chile, 2009.

En algunos países, la recuperación democrática coincide con la entrada en vigencia de una nueva Carta Fundamental. Es el caso de las Constituciones de Ecuador (1978), Perú (1979) y Brasil (1988). En Argentina y Uruguay se opta, más bien, por dejar sin efecto, las normas especiales de las Juntas Militares.

La situación de Chile es especial. Mucho le ha costado a la coalición democratizadora, Concertación desde 1990 y Nueva Mayoría desde 2013, ir retirando de la Carta Fundamental sus componentes autoritarios. A diferencia de lo que había ocurrido en otros países, las fuerzas que habían dado sustento a la dictadura cívico militar siguen teniendo un grado de poder que les permite retardar las reformas que piden las mayorías. Sin perjuicio de lo anterior, en 2005 se logró eliminar la institución de los senadores designados, terminar con la inamovilidad de los Comandantes en Jefe y quitar autonomía al Consejo de Seguridad Nacional. No obstante, quedaron pendientes asuntos tales como el sistema electoral y el sistema de quórum para las leyes.

Lo que ha ocurrido, entonces, es que estas resucitadas democracias han restaurado, o están en vías de restaurar, muchos de los principios y órganos constitucionales vigentes antes de la oleada de golpes de Estado. Desde ese punto de vista, entonces, alguien podría pensar que se trata simplemente de la resurrección del modelo que hemos denominado de "Democracia social y de partidos". No obstante, hay que considerar que, desde 1990 en adelante, varios de estos regímenes han aprobado cambios constitucionales que implican algún tipo de novedad importante respecto del pasado democrático. En esa línea se inscriben, por ejemplo, las enmiendas que potencian la justicia constitucional, las que garantizan la autonomía de la persecución criminal, las que intentan racionalizar la actividad partidista y aquellas que profundizan la descentralización política. Representativas de estas nuevas tendencias son la Constitución Colombiana de 1991, algunos de los contenidos del Pacto de Olivos argentino de 1994, la ya citada reforma chilena de 2005 y los esfuerzos de Brasil por regular el "transfuguismo (2007).

Estaríamos, entonces, ante la irrupción de un nuevo modelo, "Estado de Derecho democrático y ciudadano", que se preocupa de reforzar el *Rule of Law*, asegura la independencia de los jueces e intenta reequilibrar la relación Ejecutivo-Parlamento. Lo ocurrido en Chile, pese a las limitaciones a que aludíamos más arriba, es indicativo de esta tendencia. De esta manera, y mientras toda América Latina se movía en la dirección de ampliar los períodos presidenciales y permitir la reelección, el constituyente chileno de 2005 reduce dicho mandato de seis a cuatro años, manteniendo la prohibición de la reelección inmediata (que data de 1870). Si bien es cierto que esta fórmula sigue asignando un papel central a los partidos políticos, ello no obsta a que se promuevan, al mismo tiempo, otros espacios institucionales (Bancos Centrales autónomos, Servicio Civil, Consejo para la Transparencia, poder municipal, etc.).

Modelo constitucional de la Democracia Plebiscitaria

En la génesis de este modelo se encuentra el fracaso estrepitoso de una cierta manera de resolver los problemas sociales. Nos referimos a la combinación de clases políticas cerradas y excluyentes, manejo meramente tecnocrático de la política económica y proliferación de la corrupción. Fueron precisamente esos tres factores los que trajeron como consecuencia que en Venezuela, Ecuador y Bolivia se produjera el desplome de la vieja forma de gobernar que, en el esquema de más arriba, se ha denominado modelo de democracia social y de partidos.

En los tres casos indicados se repiten, en efecto, ciertas constantes.

En los tres países mencionados, el protagonismo de la política había terminado siendo monopolizado por individuos y grupos que aparecían "turnándose" la administración del poder, sin dar espacio para nuevos actores. La Venezuela de 1990 seguía dominada por Carlos Andrés Pérez y Rafael Caldera, los mismos líderes que se disputaban el poder a mediados de los 60. Ecuador parecía congelado en la lucha entre el socialcristianismo de Febres Cordero y el populismo de los Bucaram. En Bolivia, el ya veterano Hugo Banzer seguía disputando el poder a los herederos del también viejo Movimiento Nacionalista Revolucionario (MNR). Aparentemente, todo seguía igual. Pero, lo sabemos ahora, ello no era así.

En los tres países, el inicio del cambio político coincide, además, con el intento de imponer bruscos ajustes económicos de corte liberal. Y así como parecen haber buenas razones para pensar que siempre será difícil que una democracia pobre apoye y/o soporte políticas tipo "Consenso de Washington"; con mayor razón cabe afirmar que cualquier intento en ese sentido, de haberlo, necesita apoyarse, en todo caso, en grandes consensos sociales y políticos. Pues bien, ni Carlos Andrés Pérez en enero de 1989, ni Jamil Mahuad a fines de 1999, ni Banzer en 2000 o Sánchez de Lozada en 2003 contaron con dicha base de apoyo. En ese sentido, las protestas multitudinarias, el destape violento de una rabia largamente contenida y la subsiguiente violenta represión policial pusieron la lápida no sólo a los gobiernos respectivos, sino que al tipo de gobernabilidad que representaban.

La corrupción es un viejo enemigo de las democracias sudamericanas. A fines de los 80, sin embargo, pareció adquirir un alcance nunca antes visto. Quizás, más que un aumento del fenómeno, lo que ocurre es que ha surgido, en la ciudadanía y en los medios de comunicación un mayor nivel de conciencia. El punto es que la demanda por probidad pública se transformaría en un asunto crucial del debate político. En este sentido, por ejemplo, la destitución de Collor Mello en Brasil constituye un verdadero hito[41].

Estaban dadas las condiciones, qué duda cabe, para liderazgos populistas. Si el populismo ha sido definido como una ideología que ve el conflicto político como la lucha épica de "un Pueblo virtuoso y homogéneo contra unas elites y 'otros' peligrosos que se han confabulado para privar a este Pueblo soberano de sus derechos, valores, prosperidad,

---

41 Fernando Collor de Mello es un político brasileño. Nacido en 1949, en 1989 fue elegido presidente de su país tras derrotar estrechamente a Luiz Inácio Da Silva (Lula). Su gobierno está marcado por las denuncias de corrupción. A principios de 1992, el Congreso Nacional inicia un juicio político en contra. Renuncia el 29 de Diciembre de dicho año. Sobre el juicio político a Collor de Mello, véase: **Pellet, Arturo**: *"El Poder Parlamentario"*, Abeledo-Perrot, Buenos Aires, 1995, pp. 331-342.

identidad y voz", no hay duda que el componente populista fue central en el aparente éxito inicial de Chávez, Correa y Morales[42].

Lo interesante, para efectos de este trabajo, es que estos tres líderes se propusieron, desde muy temprano, que los esfuerzos de "regeneración" que ellos entienden estar dirigiendo no se agotaran en una práctica gubernamental distinta sino que, además, se plasmaran en nuevos textos constitucionales. Así fue, entonces, que surgieron las Constituciones de Venezuela de 1999, de Ecuador de 2008 y de Bolivia de 2009.

Como se verá, estas tres Constituciones presentan importantes similitudes, que son las que justifican, por lo demás, agruparlas bajo el rótulo de "democracias plebiscitarias"[43]. No obstante, sería incorrecto señalar que son iguales. Del mismo modo, me parece un error desconocer las importantes diferencias que presentan los liderazgos de Chávez (Maduro), Correa y Morales y los procesos políticos que ellos desatan.

El hecho, en todo caso, es que estas "democracias plebiscitarias" se han transformado en una especie de bandera o paradigma para una parte de la izquierda latinoamericana[44]. Como contrapartida, los sectores conservadores del subcontinente las demonizan como sinónimo o antesala del totalitarismo más peligroso[45].

---

42 Albertazzi, Daniele y McDonnell, Duncan: *"Twenty-First Century Populism"*. New York, Palgrave MacMillan, 2007. Nótese, en todo caso, que el libro editado por Albertazzi y McDonell tiene por subtítulo "The spectre of western european democracy". Su foco no es Chávez ni Evo Morales sino que Berlusconi y Jean Marie Le Pen.

43 Para una teorización de las bases ideológicas sobre las que descansa la Constitución boliviana de 2009, véase: **García Linera, Álvaro**: *"Comunidad, socialismo y estado plurinacional"*, el Deconcierto.cl, Ediciones y Publicaciones El Buen Aire, Santiago, 2015.

44 No solo eso. Las experiencias constitucionales recientes de Venezuela, Ecuador y Bolivia han generado interés y no poca admiración en juristas europeos de izquierda. **Pisarello, Gerardo**: *"Un largo Termidor"*, Editorial Trotta, Madrid, 2011, especialmente en pp. 196-210.

45 No deja de ser sospechoso, en todo caso, que algunos de estos críticos conservadores, y pienso, por ejemplo, en José Piñera, tan dispuestos a romper lanzas contra lo que denuncian como la falta de libertades en las "democracias plebiscitarias", nunca hayan formulado reproche a la dictadura de Pinochet en Chile o al autoritarismo de Fujimori en Perú. Esta inconsistencia podría estar develando que lo que a estos críticos de derecha realmente les molesta de Hugo Chávez o de Rafael

Permítasenos presentar nuestro propio juicio crítico.

Llama la atención, en primer lugar, que, más que abocarse a la definición de las estructuras estatales, las tres constituciones citadas pretendan, ni más ni menos, que la "refundación" de sus Naciones[46]. Este "partir de cero" se hace sobre la base de una mirada muy crítica del pasado, incluyendo el republicano, sin perjuicio que se rescaten algunos elementos puntuales[47].

No podemos sino presentar nuestro desacuerdo frente a un pensamiento constitucional que se plantea en términos tan mesiánicos. Aun cuando es evidente que la historia de los pueblos latinoamericanos está marcada por las realidades de la pobreza extrema, la desigualdad, el autoritarismo y la violencia, ello no debiera llevar a desconocer los esfuerzos y avances producidos, especialmente en el curso de los últimos cien años. Más aún, esa misma conciencia sobre los problemas

---

Correa no es tanto su intolerancia a la crítica como su propensión a redistribuir el poder económico.

46   La Constitución venezolana lo señala expresamente en el Preámbulo: "El pueblo de Venezuela, en ejercicio de sus poderes creadores e invocando la protección de Dios, (...) con el fin supremo de refundar la República para establecer una sociedad democrática, participativa y protagónica, multiétnica y pluricultural en un Estado de justicia, federal y descentralizado (...)".

La Constitución de Ecuador declara la voluntad de "construir" una "nueva forma de convivencia ciudadana" que el artículo 1° define, sin escatimar adjetivos, como "un Estado constitucional de derechos y justicia, social, democrático, soberano, independiente, unitario, intercultural, plurinacional y laico".

La Carta Boliviana, por su parte, "asume el reto de construir colectivamente el Estado Unitario Social de Derecho Plurinacional Comunitario (...)". Evo Morales ha dicho en 1999: "Es impresionante lo que estamos haciendo: de la rebelión de nuestros antepasados a la revolución democrática y cultural, a la refundación de Bolivia y a la reconciliación entre originarios milenarios y originarios contemporáneos".

47   Así, y en su Preámbulo, la Carta boliviana establece: "Dejamos en el pasado el Estado colonial, republicano y neoliberal". En otra parte se alude a los "funestos" tiempos de la colonia y se recuerda especialmente "la sublevación indígena anticolonial".

La Constitución de Ecuador, por su parte, comienza reivindicando la herencia de "las luchas sociales de liberación frente a todas las formas de dominación y colonialismo". El quiebre con el pasado, sin embargo, no es total, pues, en otra parte, se recuerda el sueño americanista de Bolívar y Alfaro.

En el caso de Venezuela, la recuperación de un pasado noble es más clara. El Preámbulo rescata "el ejemplo histórico de nuestro Libertador Simón Bolívar y el heroísmo y sacrificio de nuestros antepasados aborígenes y de los precursores y forjadores de una patria libre y soberana".

profundos de nuestras tierras aconseja, me parece, un lenguaje constitucional más humilde. ¿Qué pasará con la legitimidad de estos textos constitucionales 100% refundacionales si, a diez o quince años de su entrada en vigencia, y contradiciendo las expectativas que despiertan las promesas altisonantes, los pueblos ven que siguen expuestos a los problemas de la escasez, la inestabilidad y el conflicto?

En segundo lugar, quisiera destacar –ahora positivamente– el hecho que los tres Códigos Políticos bajo examen contienen un enfático reconocimiento a la situación especial de los pueblos originarios[48]. Se trata, me parece, de un avance que le permite a nuestras Naciones latinoamericanas hacerse cargo, finalmente, de su carácter multicultural.

Tomo nota a continuación de la circunstancia que estas "democracias plebiscitarias" priorizan la garantía de los derechos sociales. En efecto, un examen a las tres constituciones revela un fuerte sesgo social. Esto se manifiesta de dos maneras. Por un lado, a través del reconocimiento explícito de los derechos económicos, sociales y culturales. Por otra parte, por medio del condicionamiento que se hace del respeto de los derechos de primera generación al cumplimiento de su función pública. Así, por ejemplo, el derecho de propiedad queda fuertemente subordinado a las necesidades de la comunidad. El ejercicio de la libertad de prensa, por su parte, queda supeditado al derecho de la sociedad a ser informada de modo veraz.

---

48 La Carta venezolana comienza aludiendo al "heroísmo y sacrificio de nuestros antepasados aborígenes" y luego reconoce el uso de los idiomas indígenas, los que deben ser respetados en todo el territorio de la República, por constituir un patrimonio cultural de la Nación y de la humanidad" (artículo 9).

La Constitución de Ecuador, que en su Preámbulo reconoce raíces milenarias, celebra la naturaleza (la Pacha Mama), declara en el artículo 56: "Las comunidades, pueblos y nacionalidades indígenas, el pueblo afroecuatoriano, el pueblo montubio y las comunas forman parte del Estado ecuatoriano, único e indivisible".

En el caso de Bolivia, la Carta Fundamental proclama la existencia precolonial de las naciones y los pueblos indígenas originario campesinos y su dominio ancestral sobre sus territorios, garantizando su libre determinación en el marco de la unidad del Estado. A estas comunidades se les reconoce su derecho a la autonomía, al autogobierno, a su cultura, al reconocimiento de sus instituciones y a la consolidación de sus entidades territoriales (art. 2°). Además, la Constitución altiplánica considera un sistema especial de representación parlamentaria asegurada: las circunscripciones especiales originario campesinas (art. 146).

Me encuentro entre los partidarios del reconocimiento constitucional eficaz de los derechos sociales. Adopto este predicamento desde la visión que entiende que una ampliación en esa dirección, más que amenazar o negar los derechos civiles, lo que hace, en realidad, es permitir un ejercicio significativo de dichas libertades clásicas a las millones de personas que viven en condiciones de pobreza, enfermedad o marginación.

Mi diferencia con las "democracias plebiscitarias", en todo caso, radica en que, entendiendo que la profundización del constitucionalismo social supone algún tipo de ajuste en la posición de los derechos liberales, no puedo aceptar que, so pretexto de un nuevo equilibrio de los derechos, se menoscaben la libertad de periodistas y medios de comunicación, las garantías del debido proceso o el derecho de propiedad. Las garantías descritas no son privilegios de una clase explotadora, son libertades esenciales para que exista una democracia pluralista.

Las democracias plebiscitarias creen, por otra parte, poder compatibilizar la existencia de un poder presidencial muy fuerte, por un lado, y el ejercicio de la democracia directa, por el otro. Me temo que dicha cuadratura del círculo es imposible. Veamos.

Los tres documentos constitucionales han reforzado, en efecto, el poder presidencial.[49]. Los perjudicados netos han sido los parlamentos

---

49   Así, el texto original de la Constitución de Venezuela había aumentado el período presidencial a seis años. Una reforma de 2009 permitió la reelección inmediata. En Venezuela se ha reforzado la potestad reglamentaria y se autoriza al Presidente a disolver la Asamblea por una vez durante su mandato. En el caso de Ecuador, el presidente de la República, elegido en forma directa por cuatro años, puede ser reelegido inmediatamente por una sola vez. Este presidente tiene la facultad de planificar la economía (art. 279), al clásico control de la política fiscal une el manejo de la política monetaria, cambiaria y crediticia (art. 300), regula las transferencias a los gobiernos locales (art. 157), puede convocar a consultas populares y puede disolver por una vez la Asamblea.

    La Constitución de Bolivia contempla un Presidente que dura cinco años y que, también, puede ser reelegido de forma inmediata por una sola vez. Su poder, en todo caso, parece menos acentuado que el de sus pares venezolano y ecuatoriano. Elige a las cabezas de la Contraloría y el Banco Central a partir de ternas que le propone la Asamblea Legislativa Multinacional. La inclinación de los líderes fundadores de estas democracias plebiscitarias por avanzar hacia la reelección indefinida, y los partidos políticos que ven disminuida su influencia[50].

Coexistiendo con este *megapresidente*, las "democracias plebiscitarias" imaginan a un Pueblo que participa de manera permanente y directa en las decisiones políticas fundamentales. Esto se lograría a través de mecanismos tales como el referendo revocatorio. En nuestra opinión, sin embargo, un orden constitucional que jibariza al Congreso y a los partidos políticos genera un páramo institucional en donde lo más probable es que los mecanismos plebiscitarios, más que dar poder real al Pueblo, sirvan para reforzar aún más el poder del Presidente.

Para quienes hemos criticado el presidencialismo reforzado de la Constitución de 1980, el cesarismo presidencial que auspician las democracias plebiscitarias no puede sino ser objeto de rechazo. En ese sentido, llama la atención la ingenuidad, o irresponsabilidad, de una cierta izquierda romántica que patrocina para Chile algo parecido a la "democracia plebiscitaria".

Gerardo Pisarello, jurista de izquierda, y quién –por lo demás– mira con simpatía la Constitución de Venezuela, manifiesta preocupación

---

y la docilidad con que sus partidarios allanan tal posibilidad, ha venido a acentuar el cesarismo de estos regímenes, Y, ¡por favor!, no vaya alguien en este punto a comparar estas perpetuaciones presidenciales latinoamericanas con el hecho que los Primeros Ministros ingleses o alemanes pueden seguir en el poder por 10 ó 15 años. Basta con comparar las condiciones bajo las cuales compiten por renovar su mandato y el cúmulo de poderes de unos y otros como para comprender que la analogía no resiste análisis.

50 En las Cartas Fundamentales de Venezuela, Ecuador y Bolivia la función representativa de la política, como tal, resulta debilitada. Junto a los partidos, o sobre ellos, se potencian las agrupaciones de ciudadanos independientes, los grupos étnicos o campesinos y las asociaciones territoriales. La Carta venezolana omite siquiera hablar de partidos políticos, refiriéndose genéricamente en un par de disposiciones a las organizaciones con fines políticos. La Carta de Bolivia, en la misma línea, no contempla ninguna disposición que reconozca alguna función especial a los partidos políticos. La Constitución de Ecuador sí aborda la existencia de los partidos políticos como una parte del fenómeno de la participación, considerando, incluso la posibilidad de apoyo fiscal para su acción. En sentido, y por contraste, conviene recordar que el artículo 5° de la Carta Democrática de la OEA dispone textualmente: "El fortalecimiento de los partidos políticos y de otro tipo de organizaciones políticas es una prioridad para la democracia. Se prestará especial atención a los problemas asociados a los altos costos de las campañas electorales y al establecimiento de un sistema balanceado y transparente para su financiamiento".

por un "desmedido protagonismo del liderazgo presidencial", expresando que la excesiva delegación de funciones en el ejecutivo tiende a reforzar la percepción del carácter infalible e irremplazable del líder y corre el riesgo de debilitar los contrapesos institucionales y de restringir o suplantar la auto-organización popular. Luego de plantear que, en su opinión, esta presencia es consecuencia del alto nivel de conflicto político, que ha permitido dar voz a los sectores más excluidos del país y ha tenido un papel clave en la defensa de la independencia nacional en las relaciones internacionales, reconoce, sin embargo, que se ha convertido en una amenaza a la profundización democrática. "Sería necio ocultar los peligros que esta tendencia entraña. Desde una perspectiva democrática, toda concentración de poder representa una amenaza al principio de participación y al pluralismo político y social. Es más, tras la trágica experiencia del estalinismo y de otras variantes de despotismo burocrático, un programa socialista republicano y democrático debería ser exigente en esta cuestión. Para ello, debería propiciar, como mínimo, la introducción de permanentes mecanismos de control, renovación y revocación de todo poder, así como un proceso abierto de deliberación y auto-organización plural, desde abajo (…)"[51].

Continuando con el examen crítico de las Constituciones de las "democracias plebiscitarias", quiero referirme a dos vicios que son consecuencia del hecho que los textos no fueron el resultado de un gran acuerdo nacional sino que, más bien, de la imposición de un sector sobre otro. Me refiero al "transicionismo" y al "congelamiento normativo".

Por "transicionismo" entiendo la eternización de las normas especiales dictadas para facilitar el tránsito desde el viejo orden hacia el nuevo régimen. Se desnaturaliza, así, el significado mismo de las normas de transición, que han de tener, obviamente, una duración corta, justo lo que tarda en instalarse el sistema permanente que se ha escogido.

Uno de los problemas de las Constituciones de Venezuela, Ecuador y Bolivia es que ellas han previsto normativas de transición

---

51   **Pisarello, Gerardo**: *"El nuevo Constitucionalismo latinoamericano y la Constitución venezolana. Balance de una década"*, Sin Permiso, Barcelona, 2010.

que han terminado por exceder largamente su justificación. Esto ha sido particularmente cierto en el caso de la normativa aplicable al Poder Judicial. La verdad es que los textos constitucionales de Venezuela, Ecuador y Bolivia garantizan formalmente la independencia del Poder Judicial y de los Tribunales Constitucionales, incluso con autonomía financiera en algunos casos. El problema se ha producido, sin embargo, a propósito de la instalación del personal judicial y de la aprobación de la normativa aplicable[52].

52　En el caso de Venezuela, por ejemplo, se da el caso que algunos decretos emanados de la Asamblea Nacional Constituyente, entendibles mientras ocurría el proceso constituyente, siguen imperando diez años después. Es el caso de la normativa en que se funda la Comisión de Funcionamiento y Reestructuración del sistema judicial, responsable, ni más ni menos que de la potestad disciplinaria sobre los jueces. No parece razonable que un régimen que tiene mayoría en la Asamblea Nacional se escude en la omisión del legislador para dar vigencia permanente a lo transitorio.

Esta verdadera "entronización" de la transición, como la llaman Ayala y Casal, se ha puesto de manifiesto también en los procedimientos para la elección de Magistrados, trámite que se cumple en 2000 sin sujeción a lo previsto en la Carta Fundamental, nuevamente apelando a dificultades en la dictación de la normativa ordenada por la Constitución. "El soslayamiento de la plena vigencia de la Constitución derivado de la utilización y abuso del régimen de transición de los poderes públicos ha repercutido negativamente en la independencia judicial...". **Ayala, Carlos** y **Casal, Jesús**: *"La evolución político-institucional de Venezuela 1975-2005"*, Estudios Constitucionales, CECOCH, Universidad de Talca, Año 6, Nº 2, 2008, p. 463.

La Carta del Ecuador incurre también, muy notoriamente, en transicionismo. Son 15 los artículos que, en paralelo a lo establecido en el cuerpo permanente de la Constitución, definen la forma en que funcionarán órganos tan importantes como el Tribunal Supremo Electoral, el Consejo Nacional Electoral, los jueces y la Corte Constitucional. El problema se produce por cuanto los artículos constitucionales transitorios contienen referencias muy vagas ("...se sujetarán a un proceso de selección y calificación acorde a las necesidades de los nuevos organismos", art. 19; autorización para reubicar jueces sujeta a genérico proceso de evaluación y selección, art. 24; mandato al Consejo de Participación Ciudadana y Control Social para dictar las normas y procedimientos con arreglo a los cuales se integra la primera Corte Constitucional, art. 25).

En el caso de Bolivia, los problemas se han producido, más bien, por falta de regulación constitucional de la transición. La Carta Fundamental ha previsto que la Asamblea Legislativa Plurinacional elegida el 6 de diciembre de 2009, dicte antes de julio la normativa orgánica en materia de elecciones, jueces, Tribunal Constitucional y Autonomías. El transicionismo, sin embargo, se manifestó a nivel legal y administrativo. El 13 de febrero de 2010 el presidente Morales promulgó la ley de "Transición hacia los nuevos entes del órgano judicial y Ministerio Público". El 18 de febrero de ese mismo año designó a tres de los cuatro miembros del Consejo de la Judicatura, órgano que, a su vez, acaba de disponer el cese de 22 jueces.

Otro rasgo preocupante de estas "democracias plebiscitarias", ligado al anterior, es el llamado "congelamiento normativo". En este caso, lo que ocurre es que las Constituciones multiplican los reenvíos a las llamadas leyes orgánicas, normas ubicadas a mitad de camino entre la Carta Fundamental y las leyes simples, y sujetas, además, típicamente, a un quórum alto de aprobación y reforma.

Las leyes orgánicas tienen su origen en la Constitución francesa de 1958 y, por la vía del control preventivo que de ellas hace el Consejo Constitucional, buscan racionalizar la acción legislativa. La Constitución venezolana de 1961 adoptó esta institución. La diferencia entre esas leyes orgánicas y las de la actual Carta venezolana es doble: ahora se amplía significativamente el radio de estas normas especiales y el quórum sube de mayoría simple a dos tercios de los presentes (artículo 203).

Si hablamos de congelamiento legislativo es porque este tipo de fórmula eterniza una solución, o la falta de la misma. Si la ley es dictada durante el período de transición, le será después muy difícil a grupos políticos que en ese momento son opositores modificar después esta regulación ("leyes de amarre"). Si la norma de reemplazo no se dicta pronto, crecen las posibilidades que ello se dilate hacia el futuro, proyectando su vigencia, entonces, las soluciones transitorias, cualesquiera ellas sean.

No puedo dejar de apuntar al paralelo entre los rasgos recién descritos de las "democracias plebiscitarias" y la manera en que la Constitución impuesta por la dictadura del General Pinochet se valió de las normas de transición y de la legislación orgánica para afianzar su proyección. Tengo muy claras, por supuesto, las diferencias decisivas entre el carácter generalmente pacífico y participativo del proceso generador de las primeras y la forma autoritaria y fraudulenta en que se impuso la segunda. La analogía vale, sin embargo, para mostrar que cuando es un bando el que impone unilateralmente un orden político, es altamente probable que no solo otorgue rigidez normativa a los aspectos centrales de la Constitución, cuestión del todo lógica, sino que, además, aproveche de "blindar" y "amarrar" hacia el futuro fórmulas concretas de política pública, nominaciones y ventajas de partido.

Otro aspecto problemático del modelo de las "democracias plebiscitarias" es su propensión a lo que podríamos llamar "judicialismo concentrado". Se trata de la opción constitucional por potenciar órganos centrales, tanto para el gobierno judicial como para la actividad jurisdiccional propiamente tal.

Es desde hace 40 años que se viene difundiendo por América Latina la idea de reforzar la independencia de sus Poderes Judiciales por la vía de crear unos Consejos Nacionales de la Magistratura o de la Judicatura. Se tomaba como modelos a los Consejos de Francia e Italia. Desgraciadamente los Consejos sudamericanos no han respondido a las expectativas que se cifraron en ellos. Al mismo tiempo, y en paralelo, adquiere mayor fuerza la noción de crear Cortes o Tribunales Constitucionales para que ejerzan la revisión judicial concentrada de las leyes.

De hecho, la Constitución de Venezuela de 1961 había sido pionera en adoptar tanto el Consejo de la Judicatura como en reforzar a la Corte Suprema de Justicia. Pues bien, la Constitución de 1999, ha suprimido el Consejo y ha concentrado las tareas de gobierno judicial, justicia constitucional, casación civil y penal y contencioso administrativo en un reforzado Tribunal Supremo de Justicia. Ecuador, por su parte, contempla un muy completo abanico de acciones de garantía de los derechos, radicando la cúspide de la función jurisdiccional en una Corte Nacional de la Justicia. La Carta de Bolivia, a su vez, apuesta muy fuertemente por un poderoso Tribunal Constitucional al que se le ordena interpretar su contenido sobre la base de la intención del constituyente y el tenor literal del texto.

Mi impresión es que la fórmula de concentrar todo el poder jurisdiccional en un órgano único, junto con facilitar eventuales intentos gubernamentales por dominar la función judicial (vía presión o *Court Packing*) no asegura, necesariamente, una red de jueces efectivamente independientes e imparciales. En este sentido, y aun cuando la opción de estas Constituciones Políticas pueda parecer hospitalaria con el entusiasmo que siente el neoconstitucionalismo por la asertividad y el activismo judiciales, el resultado concreto no ha sido que existan en dichos países tribunales más independientes ni más garantistas. Todo lo contrario.

Por lo mismo, mi visión es que, pese a los problemas de coordinación que plantea, parece preferible perseverar en la tesis de un poder jurisdiccional dividido y bicéfalo (solución italiana), es decir, mantener separados orgánicamente, y funcionalmente, el Poder Judicial y el Tribunal Constitucional. En la misma línea, debe insistirse en que, desde el punto de vista de las libertades públicas, tanto o más importante que la independencia externa del Poder Judicial (cuestión que, muchas veces, encubre reclamos puramente corporativos), es la independencia interna de que deben gozar todos y cada uno de los jueces de la República.

Finalmente, quisiera plantear mis reparos a la forma en que las Cartas Fundamentales de las democracias plebiscitarias tienden a estrechar la relación entre las Fuerzas Armadas y la Presidencia de la República. La verdad es que con el argumento (¿o el pretexto?) de evitar la deliberación política autónoma de los militares, se crean condiciones para someter al personal uniformado, no a la subordinación de la Constitución, sino que a la dirección política contingente y directa del gobernante de turno[53].

Espero haber demostrado, con argumentos, y desde el constitucionalismo, que el modelo de las "democracias plebiscitarias", tal como lo recogen las Constituciones de Venezuela, Ecuador y Bolivia, presenta más defectos que virtudes. Lo anterior no significa que yo niegue las contribuciones valiosas contenidas en dichos ordenamientos constitucionales. Tampoco significa que yo añore o idealice la forma en que funcionaban los sistemas políticos de Venezuela, Ecuador o Bolivia hace 20 ó 30 años.

---

53 En la Carta venezolana, por ejemplo, se acentúa el control presidencial sobre los ascensos y nombramientos militares. La Carta de Ecuador enfatiza también este control presidencial, sin que exista alguna disposición que resguarde algún tipo de carrera profesional castrense. La Constitución boliviana, en todo caso, limita la discreción presidencial en este terreno, requiriendo que los ascensos se funden en los informes de los propios servicios.

Varios de los detractores de estas "democracias plebiscitarias" hacen mucho caudal del hecho que las constituciones respectivas han surgido de Asambleas Constituyentes. Parecieran pensar que defectos sustantivos como los que yo he anotado, u otros más que identifican, serían la consecuencia o efecto natural de una génesis participativa. Así, terminan argumentando como si "Asamblea Constituyente" fuera sinónimo de indefensión de las minorías o caudillismo exacerbado. Al razonar de esa manera, solo dejan en evidencia su escasa fe democrática.

Para mí, el hecho que estas Cartas Fundamentales hayan surgido de reuniones ciudadanas representativas, elegidas especialmente para ese efecto, está lejos de ser, en sí mismo, un defecto. Las Asambleas Constituyentes son, en principio, una manera lógica de construir un nuevo marco constitucional. Ahora bien, lo importante es no dejarnos arrastrar por las etiquetas. Ha habido, en efecto, Asambleas Constituyentes que han tenido la virtud de generar un orden institucional estable, eficaz y legítimo. Ello ha ocurrido cuando estas Convenciones, elegidas en forma competitiva y transparente, han podido dar expresión a grandes consensos nacionales. En otras ocasiones, sin embargo, detrás del "nombre mágico" de Asamblea Constituyente, lo que ha habido es el oportunismo de un caudillo que aprovecha su popularidad transitoria, apabulla a sus opositores y logra instalar en la Constitución su proyecto de partido.

Desearía, por último, insistir en la idea, esbozada más arriba, en el sentido que es un error presentar las soluciones constitucionales de estos tres países, y las experiencias políticas a que han dado lugar, como un paquete único e idéntico. Aun cuando existen similitudes suficientes como para tratarlas, analíticamente, como expresivas de un mismo modelo, la verdad es que hay diferencias relevantes, por ejemplo, entre la forma en el régimen *chavista* en Venezuela concentra el poder y cercena los derechos y el modo en que la Constitución boliviana ha permitido que sectores históricamente marginados se incorporen a la vida cívica y social de su patria[54].

---

54   No deja de ser preocupante, sin embargo, el modo en que se profundiza la ligazón entre el liderazgo carismático de Evo Morales y la Carta Fundamental de 2009.

De acuerdo a nuestro análisis, entonces, dos serían los modelos constitucionales que se disputan la hegemonía en la Sudamérica de principios del siglo 21: el "Estado de Derecho democrático y ciudadano" y la "democracia plebiscitaria". Es verdad, por supuesto, que sigue latente la alternativa autoritaria de cuño conservador; pero, hablando estrictamente, este último no es un modelo que se defienda como tal. Se trata, más bien, de la respuesta brutalmente fáctica con que las clases adineradas, y a veces las clases medias, pueden reaccionar ante situaciones de amenaza (violencia guerrillera, clima revolucionario, etc.)[55].

La decisión de Morales de impulsar un cambio constitucional que le permita la *rerrerre-elección* es una señal inescapable de entronización personalista.

55 Analizando la situación constitucional en América Latina hacia 2010, luego de dos décadas de recuperación de la democracia, Javier Couso identifica dos nuevos modelos emergentes. A uno lo denomina "democracia radical", caracterizado por la reaparición de líderes carismáticos que están dispuestos a saltarse las formas constitucionales para lograr sus objetivos. "Dependiendo de las circunstancias –dice Couso–, este tipo de populismo adquiere cariz de izquierda o de derecha. Así, cuando la sociedad de que se trata está enfrentando una crisis de orden y seguridad (como ocurrió en Perú y en Colombia), el modelo adquiere un matiz conservador, satisfaciendo, por decirlo de alguna manera, la pulsión 'hobbesiana' de la población. Por otra parte, cuando la sociedad de que se trate goza de niveles razonables de orden y seguridad, pero está marcada por la desigualdad y la exclusión, surgen líderes que prometen una rápida redistribución, aunque ello signifique sacrificar otros valores constitucionales". Frente a este primer tipo de modelo, y "desde la orilla opuesta a este tipo de modelos iliberales", Couso considera que la más interesante propuesta ha sido la propiciada por el llamado "neoconstitucionalismo", que según él estaría caracterizado por la eficacia directa y la justiciabilidad del más completo catálogo de derechos concebible ...De acuerdo a esta aproximación al problema, sólo este tipo de estado de derecho "reforzado" e implementado además por jueces progresistas imbuidos de los valores y principios del estado social de derecho, logrará que la empobrecida democracia latinoamericana esté a la altura de las enormes expectativas que hemos depositado en ella. **Couso, Javier**: *"Los desafíos de la democracia constitucional en América Latina: entre la tentación populista y la utopía neoconstitucional"*, Anuario de Derechos Humanos, Facultad de Derecho de la Universidad de Chile, 2010, Santiago, pp. 33-47. El diagnóstico de Couso me parece muy interesante. No obstante, creo que existen buenos argumentos para no considerar a Fujimori y a Chávez como parte de un mismo grupo. Por otra parte, pienso que el "neoconstitucionalismo", más que un modelo de estructura política, es un término que describe a un heterogéneo conjunto de visiones sobre la relación entre la Constitución y el resto del sistema jurídico; perspectivas que, por lo demás, pueden convivir con fórmulas ideológicas muy diversas.

III

El Problema Constitucional
en Chile

Sobre el diagnóstico

Una Constitución Política aporta al Bien Común cuando los distintos sectores de la comunidad que se rige por ella coinciden en considerarla un marco legítimo dentro del cual discutir sus diferencias. Habrá un problema constitucional, por lo mismo, cuando la Carta Fundamental de un país, lejos de ser la cancha que todos reconocen como espacio común en el cual llevar adelante la disputa cívica, pasa a ser uno de los elementos sobre los cuales versa, principalmente, la lucha política[56].

Dos expresiones de la doctrina sirven para graficar en qué consiste concretamente esta propiedad de una "buena" Constitución.

En 1979, Dolf Sternberger, y con ocasión de los 30 años de la Ley de Básica de Bonn, escribió un texto en que se refiere al "patriotismo constitucional", esto es, al hecho que los valores consagrados en dicho texto jurídico estaban cumpliendo el papel integrador habitualmente asociado con las grandes gestas históricas compartidas[57]. Jurgen

---

56 Es perfectamente normal, en todo caso, que la discusión sobre la Constitución sea una parte del debate político de una democracia. Tampoco debe extrañar que existan sectores marginales que propugnen la abolición total del orden constitucional vigente. Lo que es problemático, sin embargo, es que exista un segmento significativo de la ciudadanía que no se sienta interpretado por la Constitución.

57 **Sternberger, Dolf**: *"Patriotismo Constitucional"*, Universidad Externado de Colombia, Bogotá, 2001, pp. 85-120.

Habermas ha adoptado el término y ha contribuido decisivamente a su popularización[58].

En el contexto norteamericano, y en 1993, John Rawls escribió sobre la importancia del "consenso traslapado", esto es, aquel conjunto de ideas que, en calidad de acuerdo mínimo, pueden compartir personas que suscriben distintas visiones omnicomprensivas[59].

Más allá del hecho evidente que muy pocos compatriotas conocen en detalle los contenidos de la Constitución vigente, ello no obsta a que, desde una perspectiva general, ellas y ellos puedan tener un juicio global sobre su valor o eficacia. Como lo veremos un poco más adelante, existe abundante evidencia que sugiere que para un porcentaje importante de la ciudadanía, la Constitución que nos rige es percibida,

---

58   Así, por ejemplo, en **Habermas, Jurgen:** *"Ciudadanía e Identidad Nacional"* (1990)", en *"Facticidad y Validez"*, Trotta, Quinta Edición, Madrid, 2008, pp. 619-643. Para un análisis del concepto y sus problemas, véase: **Muller, Jan-Werner:** *"Constitutional Patriotism"*, Princeton University Press, 2007. Desde mediados de la década de los noventa del siglo pasado, el término "patriotismo constitucional" entró con mucha fuerza a la discusión constitucional española, así en: **Savater, Fernando:** *"Vivere Libero"*, Edición Impresa de El País, 6 de diciembre de 2001. **Peces-Barba, Gregorio:** *"El Patriotismo Constitucional. Reflexiones en el vigésimo quinto aniversario de la Constitución española"*, Anuario de Filosofía del Derecho", Nº 20, 2003, pp. 39-61 y **Ballester, Mateo:** *"Auge y declive del Patriotismo constitucional en España"*, Foro Interno, Nº 14, 2004, pp. 121-145.

59   Luego de haber intentado, a principios de la década de los setenta del siglo pasado, una explicación general, contractualista y abstracta, que permitiera identificar parámetros universales, y no utilitaristas, para juzgar la decencia de una sociedad (*"A theory of justice"*, 1971), un John Rawls más maduro, 22 años después, se propuso explorar la forma en que una sociedad democrática puede "establecer y conservar la unidad y la estatalidad dado el razonable pluralismo característico de la sociedad". En ese sentido, Rawls planteó que "una doctrina comprensiva razonable no puede asegurar la base de la unidad social, ni puede dar la capacidad de la razón pública en cuestiones políticas fundamentales". Por tanto, señala Rawls, "para ver cómo puede unificarse y ser estable una sociedad bien ordenada, introducimos otra idea fundamental del liberalismo político, que va de la mano con la idea de una concepción política de la justicia; a saber, la idea de un consenso traslapado de doctrinas comprensivas razonables. En tal consenso, las doctrinas razonables suscriben la concepción política, cada una desde su punto de vista. La unidad social se basa en un consenso sobre la concepción política; y la estabilidad es posible cuando las doctrinas que forman el consenso son afirmadas por los ciudadanos políticamente activos, y cuando los requisitos de la justicia no entran demasiado en conflicto con los intereses esenciales de los ciudadanos, según se forman y promueven mediante sus acuerdos sociales". **Rawls, John:** *"Liberalismo Político"*, Fondo de Cultura Económica, México, 1995, p. 137.

no como un elemento que facilita el desarrollo nacional, o una fuente de "patriotismo constitucional", sino que, más bien, como un obstáculo para dicho progreso.

Debo reconocer, en este punto, que yo fui uno de los que pensó que la reforma constitucional de 2005 había logrado subsanar los principales problemas de legitimidad que aquejaban a la Constitución[60]. Creí, entonces, que con la supresión de los senadores designados, la eliminación de las disposiciones que reconocían autonomía política a las Fuerzas Armadas y la formalidad consistente en "sacar" la firma de Pinochet, se había logrado, en lo esencial, resolver el problema constitucional[61]. Quienes así razonábamos debemos reconocer que nos equivocamos. Nuestro error, sin embargo, no radica en la ponderación de la importancia de las reformas de 2005. Contra lo que afirman hoy algunos, dichas enmiendas no fueron cosméticas o menores. Por el contrario, los cambios aprobados en 2005 fueron muy importantes y profundos.

La reforma de 2005 se ha transformado, en efecto, en un elemento muy central del debate constitucional.

Los partidarios del *Status Quo* utilizan el acuerdo logrado en 2005 como argumento para dejar las cosas como están. No hallan nada mejor que recordar, una y otra vez, las palabras con que Ricardo Lagos celebraba el acuerdo que sacó de la Constitución sus resabios autoritarios más obvios[62]. Al traer a colación, con sonrisita maliciosa, la cita

---

60   Sobre la reforma de 2005, véanse **Zúñiga, Francisco** (editor): *"Reforma Constitucional"*, LexisNexis, 2005 y **Fuentes, Claudio:** *"El pacto"*, Ediciones Universidad Diego Portales, 2012.

61   Arrastrado por el entusiasmo, decía entonces: "Lo que hace esta reforma, en realidad, (...) es coronar un largo esfuerzo por restablecer plenamente los valores liberales y democráticos de nuestra tradición republicana, los mismos valores que los autores de la carta de 1980, el general Pinochet y quienes luego formarían la UDI, pretendieron en un momento desconocer". Es verdad, en todo caso, que un poco más adelante agregó una nota de cautela: "aún quedan importantes materias que requieren cambios (...) la modificación al poco democrático sistema electoral binominal, el cual, en todo caso, ha sido sacado de la Carta Fundamental". **Zapata, Patricio:** *"Génesis de una Reforma"*, en Reforma Constitucional, Zúñiga, Francisco (Editor), LexisNexis, 2005, pp. 751-752.

62   Llama la atención el que en vez de apoyarse en el pensamiento de alguno de sus

en que Lagos se congratulaba, entonces, de haber logrado legitimar la Constitución, creen poder denunciar incoherencia en todos quienes apoyamos, hace una década, esa reforma y que hoy, sin embargo, promovemos una Nueva Constitución.

Se equivocan. Apoyar el buen acuerdo político de 2005 no significa renunciar al ideal de una Constitución con carácter más inclusivo.

El hecho que la misma derecha que se resistió por tanto tiempo a aprobar los cambios que terminaron por despacharse en 2005, se muestre hoy tan apreciativa y complacida de los mismos, no hace sino alimentar las sospechas y el escepticismo de aquella parte de la izquierda que, no solo minusvalora dichas reformas, sino que, además, concluye que la subsistencia del problema constitucional, pese a incorporarse a la Carta Fundamental dichas enmiendas, probaría que el camino institucional es inevitablemente estéril a efectos de operar el tipo de transformación que realmente se necesita[63].

---

próceres (como Joaquín Lavín o Jovino Novoa), los enemigos derechistas del cambio constitucional terminen citando a Ricardo Lagos Escobar, un conocido líder de la centro izquierda. Triste se ve el futuro de un sector político que solo encuentra argumentos de autoridad en sus contrincantes.

63   No conviene, en este punto, olvidar la miopía y la porfía con que los partidos de derecha, UDI y Renovación Nacional, defendieron durante 15 años de democracia la institución de los senadores designados, la inamovilidad de los Comandantes en Jefe y el carácter autónomo y deliberante del Consejo de Seguridad Nacional. Habiendo trabajado en el Ministerio Secretaria General de la Presidencia desde 1990 hasta 1999 me acuerdo perfectamente de los proyectos de reforma constitucional eliminando dichos enclaves autoritarios presentados por los gobiernos de Aylwin (1991 y 1993) y de Frei (1995). Se recordará que, en los tres casos, las propuestas respectivas fracasaron porque tanto la UDI como Renovación Nacional (y los propios designados, por supuesto) terminaron votando en contra en el Congreso Nacional. Comentando el cambio de opinión de la derecha en 2005, escribía yo entonces lo siguiente: "A diferencia de lo ocurrido en tres ocasiones anteriores, la derecha aparecía, en esta ocasión, dispuesta a votar favorablemente la supresión de los senadores designados y vitalicios. Atrás quedaban, ahora, los encendidos discursos y las complejas argumentaciones que habían afirmado la conveniencia, la necesidad, de incluir en el Parlamento a quienes representarían los intereses permanentes de la Nación frente a los cambiantes y contingentes intereses de los parlamentarios de los partidos políticos. Sin perjuicio de las explicaciones dadas para explicar el cambio de postura, es altamente probable que la nueva posición se deba al hecho que, producto de nuevas designaciones y el paso del tiempo, los senadores designados y vitalicios han dejado de ser un bloque que se suma mecánicamente a la derecha, como ocurrió entre 1990 y 2000, y se prevé que, a .

Ahora bien, vista la profundidad de las reformas de 2005 ¿Qué explica, sin embargo, que, pese a tales enmiendas significativas, nos encontremos hoy día hablando de un problema constitucional en Chile?

La razón más simple e inmediata, por supuesto, es que existe una mayoría de la ciudadanía que apoya la tesis del cambio constitucional. Esa es la conclusión a la que se llega, inequívocamente, luego de examinar las diferentes encuestas de opinión pública en que se consulta sobre este tema[64]. El hecho que la mayoría manifieste apoyo a la idea de Nueva Constitución no significa, por supuesto, que exista una mayoría que la considere su única o principal preocupación. Las mismas encuestas revelan que, en materia de reclamo o urgencia, los ciudadanos manifiestan que sus prioridades son salud, seguridad ciudadana y educación.

La mayoría en favor del cambio constitucional es bastante estable en el tiempo. No depende del mayor o menor apoyo que reciban distintos candidatos, gobiernos o coaliciones. El Programa de las Naciones Unidas para el Desarrollo (PNUD) ha publicado en Octubre de 2015 un completísimo informe que analiza la evolución de la demanda ciudadana de cambio constitucional, considerando una batería bastante exhaustiva de encuestas serias de los 5 últimos años (entre otros del Centro de Estudios de la Realidad Contemporánea, del Centro de Estudios Públicos, de la Universidad Diego Portales, el Barómetro de las Américas de Latin American Public Opinion Project y del propio

---

futuro, serán más bien cercanos a la Concertación". En **Zapata, Patricio**: *"Génesis de una Reforma"*, en Reforma Constitucional, LexisNexis, 2005, p. 758.

64   Me limitaré a citar algunos estudios. La encuesta de opinión de MORI de junio de 2013 (con 1200 casos) da cuenta que un 83% de los consultados cree que Chile necesita con urgencia una reforma de su Constitución. La última encuesta del CEP, por su parte, de octubre de 2013, vuelve a confirmar la existencia de una mayoría favorable al cambio del sistema electoral (adicionalmente, este estudio revela que habría un significativo 45% partidario de una Asamblea Constituyente). Más recientemente, el 17 de Octubre de 2015, Cadem Plaza Pública da a conocer una encuesta que muestra que el 71% de los consultados está de acuerdo con que Chile necesita una nueva Constitución (un 18% está en desacuerdo). Un 51% de los entrevistados considera que este tema es muy o bastante prioritario, mientras solo el 26% responde que el cambio constitucional es poco o nada prioritario.

Programa de las Naciones Unidas para el Desarrollo). La conclusión es clarísima: existe una mayoría clara, estable y contundente que se manifiesta partidaria del cambio constitucional[65].

Creo, entonces, que tenía razón el programa de la entonces candidata Michelle Bachelet cuando, en Noviembre de 2013, afirmaba: "El reclamo por una nueva Carta Fundamental no es un prurito de especialistas ni la obsesión de élites sobre ideologizadas. Es un objetivo planteado desde larga data por sectores democráticos; y levantado actualmente por una gran cantidad de organizaciones políticas, sociales, juveniles, regionales, sindicales, de género y representativas de pueblos indígenas".

Ahora bien, del hecho que exista algún tipo de mayoría en favor de un determinado curso de acción no se sigue, de ninguna manera, que todos debamos sumarnos acríticamente. Siempre he reivindicado mi derecho a pensar y a actuar con independencia de las encuestas de Opinión Pública. Uno puede creer y practicar la democracia y, al mismo tiempo, pensar que sobre un determinado asunto la mayoría está profundamente equivocada. Y, en esos casos, cada uno tiene el derecho y el deber de manifestar su propio juicio. Ya sea para intentar transformar, con razones, a la minoría de hoy en mayoría de mañana o, por último, simplemente para dejar registrada la disidencia.

Lo que parece más complicado, sin embargo, es discutir sobre el tema constitucional sin conceder ninguna importancia al sentir ciudadano. Incluso al que pensare que las mayorías de las que hemos hablado no son otra cosa que el resultado de una eficaz acción demagógica operando sobre un pueblo crédulo e ignorante, yo le pediría que se detenga por un momento a pensar las siguientes dos cosas: a) ¿no habrán, acaso, causas más de fondo que las meramente comunicacionales que hayan permitido que se imponga socialmente la tesis de la Nueva Constitución? y b) ¿No es, acaso, altamente inconveniente para el Bien Común que exista una brecha entre el sentimiento ciudadano

---

65 PNUD: *"Opinión ciudadana y cambio constitucional: Análisis desde la opinión pública"*, Serie Más y mejor Democracia, Nº 1, Santiago de Chile, Agosto de 2015, pp.90.

y las instituciones políticas? No estoy pidiendo a nadie, todavía, que comparta mis diagnósticos ni mis propuestas. Solo invito a desarrollar la capacidad de escuchar.

Hasta el momento solo hemos tomado nota del hecho de existir "poco afecto" por la Constitución vigente (para usar una expresión que le he leído a Jorge Correa). Lo que cabe, a continuación, es intentar una reflexión sobre las causas de este problema constitucional.

Me parece que existen varias explicaciones posibles. No se trata, en todo caso, de respuestas que se excluyan. De hecho, lo más probable es que un fenómeno como el que estamos analizando no responda a una sola causa sino que a varias. Permítaseme explorar algunas de ellas.

Una primera causa del recrudecimiento del problema constitucional deriva del hecho que los chilenos no fuimos capaces de reformar **oportunamente** aquellos aspectos deficitarios del orden institucional que quedaron pendientes el 2005. Concretamente, me estoy refiriendo a cambios tales como el reconocimiento constitucional a los pueblos indígenas, el fortalecimiento de los derechos sociales, el permitir el voto de los chilenos desde el extranjero y la introducción de un sistema electoral proporcional.

Sin perjuicio que pudiere postularse que, respecto de algunas de estas iniciativas, la centroizquierda pudo haber desplegado más energía y haber actuado con mayor sentido de urgencia, la verdad de las cosas es que estos proyectos se perdieron o retrasaron por la sencilla razón que los partidos de derecha, la UDI y RN, siempre se opusieron. Los parlamentarios de la entonces Concertación, en cambio, los votaron a favor todas las veces. Tratándose, en todo caso, de materias que requieren quórums de 4/7, 3/5 ó 2/3 en ejercicio, según el caso, el veto de la derecha fue suficiente para impedir las reformas o, como en el caso del voto de chilenos desde el extranjero o la reforma electoral, para retrasarlas hasta mediados de 2014 o principios de 2015, respectivamente.

Un segundo aspecto de nuestro problema constitucional deriva del origen de la Constitución de 1980. En lo personal, siempre he tenido muy claro que las condiciones bajo las cuales se plebiscitó en 1980 el proyecto constitucional elaborado por los asesores de la dictadura le restan a dicho texto toda y cualquier legitimidad de origen[66]. Ahora bien, y con la misma claridad, siempre he pensado que el proceso político chileno posterior ha servido para ir subsanando dicho déficit originario. En este sentido, me parece que la sucesión de importantes reformas introducidas al texto constitucional (algunas de ellas refrendadas en 1989 en un plebiscito exento de vicios) y la propia participación ciudadana en los actos electorales permiten afirmar la legitimidad actual del documento. Son muchos, por lo demás, los casos de Constituciones que habiendo tenido un origen más que discutible, han logrado, sin embargo, y con el paso del tiempo, ir validándose progresivamente frente a sus comunidades[67].

Lo que me llama la atención, y me interpela, sin embargo, es el hecho que existen importantes sectores de nuestro país, especialmente jóvenes, que parecen no estar dispuestos a dejar pasar el "pecado original" de nuestra Carta Fundamental.

Los cambios culturales y económicos experimentados por Chile en el curso de los últimos 25 años son otro factor que incide en el problema constitucional. Esas transformaciones van a tener impacto en la legitimidad de todas las instituciones, incluyendo, por supuesto, la Constitución.

Las percepciones de legitimidad son, en efecto, dinámicas. Y son relativas, además, a la magnitud del desafío de que se trate. Por eso, puede decirse, simultáneamente, y sin incurrir en contradicción lógica, que una misma Constitución alcanza en un momento dado la legitimidad de contenido y ejercicio necesaria para garantizar acatamiento, paz y estabilidad y que, sin embargo, esa misma Constitución empieza

---

66 Consúltese **Cumplido, Francisco**: *"Estado de Derecho en Chile"*, ICHEH, 1983 y **Fuentes, Claudio**: *"El fraude"*, Editorial Hueders, 2013. En contra, y defendiendo la legitimidad del plebiscito y la Constitución, véase **Blumenwitz, Dieter** y **Gaete, Sergio**: *"La Constitución de 1980. Su legitimidad"*, Editorial Andrés Bello, 1981.

67 Pensemos en las limitaciones severas que, desde el punto de vista democrático, tuvieron los procesos constituyentes que dieron origen a la Constitución de los Estados Unidos (1787), de Chile (1925), de Alemania Federal (1949) o de Francia (1958).

luego a presentar problemas de legitimación suficiente de cara a las nuevas y crecientes exigencias de la sociedad[68]. De esta manera, ciertas exclusiones o desigualdades de la Constitución (como el hecho que no reconoce debidamente ni a las regiones, ni a los pueblos indígenas ni a los trabajadores), que en el Chile de 1995 ó 2005, lamentablemente, solo despertaban el reclamo de unos pocos; devienen, en el Chile de 2015, en carencias que suscitan rechazo masivo[69]. Esta, por supuesto, es una buena noticia. Nos habla de una comunidad política que va dejando atrás inhibiciones y temores (que se explicaban, en buena medida, por el doloroso trauma causado por la experiencia de la dictadura). Nos muestran, además, una sociedad más consciente de sus derechos.

Jorge Correa ha planteado que el principal problema de la Constitución vigente no radica tanto en alguna deficiente consagración de los derechos, sino que, más bien, en el hecho que las instituciones

---

68   Pareciera que para Fernando Atria este es un asunto más simple. Eso explicaría que, criticando un texto que firmé junto al senador Ignacio Walker haciendo esta misma distinción, Atria apunte irónicamente: "En una especie de caricatura de la caricatura de la ambigüedad democratacristiana de la que se reía ácidamente Víctor Jara, (Walker y Zapata) explican que 'la actual Constitución con ser legítima, carece de legitimidad suficiente'". En **Atria, Fernando**: *"Sobre el problema constitucional y el mecanismo idóneo y pertinente"*, en "La solución constitucional", Alfredo Joignant y Fuentes, Claudio (editores), Catalonia, 2015, p. 42. Ya que estamos recordando la canción de Víctor Jara (cuya letra, recordémoslo, y hablando de los democratacristianos, dice: *"Arrímese más pa' ca, aquí donde el sol calienta, si uste' ya está acostumbrado a andar dando volteretas y ningún daño le hará estar donde las papas queman. Usted no es na' ni chicha ni limoná, se la pasa manoseando caramba zamba su dignidad"*), yo simplemente diría, que, afortunadamente, no estamos todos obligados a tener que elegir entre la "limonada" de Jaime Guzmán o la "chicha" de Fernando Atria.

69   Refiriéndose, precisamente, a la relación que existe entre legitimidad y desigualdades, Ernesto Garzón Valdés ha planteado: "Es obvio que la importancia de las diferencias accidentales entre los miembros de una comunidad política son relativas a los recursos económicos y culturales de la misma. La percepción de estas desigualdades varía según los tiempos y las sociedades. En este sentido, la legitimidad es también relativa a un determinado contexto histórico-espacial. Ello explica por qué, a medida que se expande el círculo de la ética (para utilizar la conocida expresión de Peter Singer) y/o aumenta la disponibilidad de recursos (económicos, técnicos o culturales), aumenta también la clase de desigualdades accidentales que deben ser superadas para que el sistema conserve su legitimidad", **Garzón Valdés, Ernesto**: *"Consenso, racionalidad y legitimidad"*, Isegoría, Nº 2, 1990, p. 2.

políticas que ella establece niegan la igualdad política de los ciudadanos e impiden la expresión fluida de las mayorías. La sobreabundancia de definiciones sustantivas asumidas por la propia Constitución y el hecho que la misma Carta Fundamental exige que casi todas las decisiones sobre políticas públicas deban reunir super mayorías (en la medida que existe un universo enorme de materias cuya reforma exige el voto conforme de los 4/7 de los diputados y senadores en ejercicio), han tenido el efecto de volver poco relevante la decisión ciudadana. Si Correa tiene razón, lo que habría venido ocurriendo desde 2011 en adelante es que esa particular debilidad se estaría volviendo cada vez más intolerable y costosa[70].

Una cuarta dimensión del problema es de carácter mundial y tiene que ver con las dificultades que están teniendo, en los cinco continentes, las instituciones clásicas de la democracia representativa de cara a las expectativas y necesidades actuales de las distintas comunidades[71].

En este punto, conviene tomar nota del hecho que existen quienes, valorando el surgimiento de individuos más autónomos y entusiasmados, además, con las posibilidades de las nuevas tecnologías, parecen pensar en la posibilidad de avanzar hacia formas pretendidamente superiores de democracia, liberadas, finalmente, de los problemas que plantea la intermediación de las elites. Otros parecen pensar que basta con las marchas y las tomas para impulsar los cambios sociales. Yo no puedo sino valorar, por supuesto, el ánimo de renovar nuestra política. Reconozco la legitimidad y la utilidad de las formas pacíficas de movilización. Tampoco puedo negar que los cambios culturales desafían las formas clásicas. No me cierro, por último, a reconocer las posibilidades potencialmente liberadoras que ofrecen internet o *twitter*. No obstante

---

70 En **Correa, Jorge**: *"Nueva Constitución"*, El Mercurio de Santiago, Edición del Sábado 28 de Diciembre de 2013, página C 6; *"Nueva Constitución (II)"*, El Mercurio de Santiago, Edición del Sábado 18 de Enero de 2014, página C 4; *"¿Ha llegado la hora de una nueva Constitución?"*, Anuario de Derecho Público 2013, Universidad Diego Portales, 2013, pp. 21-35.

71 Véanse, por ejemplo, **Hermet, Guy**: *"El Invierno de la democracia"*, Los Libros del Lince, Barcelona, 2008, **Rosanvallon, Pierre**: *"La contrademocracia. La política en la era de la desconfianza"*, Manantial, Buenos Aires, 2011, **Todorov, Tzvetan**: *"Los enemigos íntimos de la democracia"*, Galaxia Gutemberg, Barcelona, 2012.

todo lo anterior, dudo que la "calle" o las "redes" tengan la aptitud de reemplazar la representación[72].

Lo ocurrido con la llamada "primavera árabe" viene a confirmar que sin el liderazgo institucional de organizaciones políticas que tengan la capacidad de conducir los procesos (lo cual incluye, por supuesto, la habilidad y la vocación para llegar a acuerdos con los que piensan distinto) es imposible que un movimiento ciudadano, por masivo que sea, logre cambios políticos eficaces y duraderos. Ese factor explica en buena medida, en mi opinión, que mientras el Chile de la Concertación (y Aylwin) y la Sudáfrica del Congreso Nacional Africano (y Mandela) inauguraron a principios de los años noventa dos décadas de paz, libertad y progreso, la revuelta egipcia de 2011 haya degenerado en violencia, represión y el retorno del autoritarismo.

En lo que a mí respecta, entonces, y sin perjuicio de la conveniencia de introducir mecanismos de democracia directa, no veo manera de prescindir de la representación y las fórmulas institucionales que ella entraña (partidos políticos y parlamento). Cuestión distinta es que nuestra discusión constitucional tiene que proponerse la reforma de dichas instituciones.

Una quinta explicación de la agudización de nuestro problema constitucional descansa en el hecho que, probablemente, estamos asistiendo como país a uno de aquellos momentos en que una nueva generación hace su ingreso en la vida pública por la vía de cuestionar e interpelar a sus padres y abuelos. Esto ha ocurrido antes, y con cierta regularidad. Pasó en 1850 cuando los Lastarria y los Bilbao desafiaron a Andrés Bello y a Manuel Montt. Ocurrió, también, en 1930 cuando los Leighton y los Garretón enfrentaron a Horacio Walker. O, cuando en 1968 los Insulza, los Solar, los Ambrosio desafiaron a Eduardo Frei.

Convencido de la importancia del diálogo con los más jóvenes, me parece fundamental combinar dos actitudes. Por un lado, es importante tener apertura desprejuiciada frente a lo nuevo y humildad para

---

72 Sobre este tema recomiendo: **Rendueles, César**: *"Sociofobia. El cambio político en la era de la utopía digital"*, Capitán Swing Libros, Madrid, 2013.

saber escuchar críticas. Al mismo tiempo, sin embargo, los que somos más viejos –aunque *estrictamente* no seamos viejos todavía– también le debemos al país, y a nuestros jóvenes, el tener la fuerza moral e intelectual de defender aquello en lo que creemos[73]. Aunque ello signifique

---

73 En relación a la importancia de la conversación entre generaciones, siento la necesidad de reproducir *in extenso* algunas de las palabras con que Eduardo Frei Montalva, entonces Presidente de la República, se dirigió a la juventud universitaria chilena en marzo de 1970. Dijo Frei: "No cabe duda de que la sociedad actual presenta características fundamentalmente diferentes a las que tuvimos que enfrentar, nosotros, la generación anterior, hace 40 años. La crisis de todos los valores es evidentemente más profunda y su complejidad inmensamente mayor. Hemos visto desaparecer en el último decenio valores, ideas y estructuras que parecían inconmovibles y sobre las cuales no solo se sustentaba la vida social y personal, sino que eran datos para cualquiera tentativa futura (...). Nunca una generación joven había estado enfrentada a interrogantes de más honda significación y alcance en medio de una negación y cuestionamiento de todos los valores conocidos. Y no solo esto. En el mundo entero y en Chile la juventud sufre el impacto de la realidad con un sentimiento creciente de crítica y hasta de frustración y desesperanza. En muchos, ese sentimiento se expresa por la posición exaltada de la violencia como método de acción y como valor de la vida personal y política. En algunos también, por desgracia, ese sentimiento deriva hacia formas hasta hoy no conocidas de degradación personal y colectiva. ¿Podríamos decir que lo mejor de nuestra juventud no tiene razón en sus grandes inquietudes y que, incluso los que se desvían o los que caen en su propia destrucción de su ser no son, al menos, un testimonio dramático contra esta sociedad y este mundo? Una sociedad y un mundo desfigurados, en tantos lugares, por la injusticia, el frío egoísmo, la desigualdad, las luchas sociales, las discriminaciones raciales, las guerras, la deshonestidad, el vicio organizado, que se explota hasta la degradación en ciertos medios publicitarios. Esto es lo que hiere el alma de las generaciones que hoy están despertando a la conciencia de su desafío personal e histórico. Nadie puede negar o disimular esta realidad. Por eso esta juventud merece más comprensión que crítica, y el respeto que se debe a quienes tendrán que enfrentar una batalla tan dura en medio de un mundo tan convulsionado".

Luego de referirse a los sueños, las luchas y los logros de su generación, la que entró en la vida política hacia 1930, Frei Montalva vuelve a dirigirse a la juventud de 1970: "Lo más importante fue que tuviéramos la voluntad de entrega y realización como hombres, padres y fundadores de hogares vivos. Quizás por eso tenemos hijos con quienes hablar; generaciones que sigan, no el ejemplo de nuestros hechos –lo que sería pretencioso–, sino el de nuestro amor y de nuestras angustias y voluntad de decisión. No de lo que hicimos, sino lo más esencial y valioso, de las razones que teníamos para hacerlo. Esta no es una defensa; pero sí es una advertencia no exenta de ternura y tristeza ni, sobre todo, de una alegre y poderosa esperanza. Ustedes vivirán y sus vidas merecerán vivirse; ustedes las harán dignas de ser vividas. No solo en su vida universitaria, sino también en la del hogar, en la de la profesión, de la lucha general por la justicia y la del servicio eficiente a la comunidad. Esta es, en un sentido profundo, la única experiencia que puede transmitirse de generación en generación. Una experiencia de comprensión recíproca y de compasión. Y perdónenme que me detenga en esto. Compasión,

entrar en polémica con las que serían, aparentemente, las ideas de moda entre la juventud.

No deja de preocuparme que a veces pareciera haberse instalado entre nosotros una cierta hegemonía discursiva en que lo "nuevo" y lo "joven" se consideran condiciones virtuosas *per se* y a todo evento. Y así como es patético que los viejos intenten aferrarse a posiciones de poder e influencia, no deja de ser un grave error pensar que el futuro esplendor de un país pasa por jubilar bruscamente a un par de generaciones.

En esa línea, y pensando en las que fueron algunas de las consignas de una parte del movimiento estudiantil de 2011 y 2012, yo quisiera reivindicar el carácter democrático de nuestro sistema de gobierno. Estando consciente de las muchas e importantes deficiencias que este presenta, me asiste la convicción fundada de estar viviendo en un país que satisface los requerimientos básicos de un Estado de Derecho democrático: ejercicio de la crítica política sin represalias, libertad para organizar asociaciones, libertad de reunión, institucionalidad electoral seria y confiable, alternancia pacífica del poder, funcionamiento

---

según entiendo, es compartir la pasión, no sólo el dolor, sino también el sentido profundo de la vida. Los padres pueden compadecerse con sus hijos, porque tienen antecedentes de juicio más o menos válidos para comprender y compartir, desde el fondo de su corazón, el sufrimiento y también las posibilidades de alegría y amor que vivirían. Los hijos pueden también comprender y compartir, al menos, lo más esencial y evidente del contenido del dolor, de alegría y de esperanza, en la vida de sus padres".

Concluye Frei: "La vida merece ser vivida; la vida puede y debe ser hecha digna de ser vivida. Ese es nuestro imperativo y también nuestra responsabilidad. Por estas mismas razones mi generación supo que nuestra sociedad chilena podía y debía ser transformada de tal modo que sus deformidades e injusticias dieran paso a nuevas posibilidades de mejorar la vida de todos los chilenos, hasta hacerla digna de ser vivida. Quizás no en términos absolutos e ideales, pero sí en términos verdaderamente humanos. Y afirmamos tercamente eso: que Chile, como comunidad humana, podía hacerlo. Y por ello dedicamos una parte sustancial de nuestro pensamiento y actividad a la investigación y confirmación de los recursos materiales e intelectuales de Chile para esa gran tarea; para conocerlos y ponerlos al servicio de nuestra comunidad con el fin de hacer digna la vida humana y merecedora de ser vivida". Cuando pronunció estas palabras, Eduardo Frei tenía 59 años. No se le había olvidado, sin embargo, lo que se siente al tener 19 ó 29. **Frei Montalva, Eduardo**: Discurso al recibir el Doctorado Honoris Causa de la Universidad Católica, en **Godoy, Hernán** (editor): *"Estructura social de Chile"*, Editorial Universitaria de Chile, Santiago, 1971, pp. 547-550.

independiente de los tribunales, acatamiento de los fallos respectivos, sujeción de las Fuerzas Armadas a las autoridades civiles, etc.

Puedo entender que para los más jóvenes, las circunstancias recién anotadas se den por supuestas y no merezcan valoración especial. Ese es, paradojalmente, uno de los mejores legados que le hemos dejado a nuestros hijos: que ellos consideren como totalmente normal, y hasta pedestre, el poder gozar de derechos por los que cientos de millones de personas, en otras latitudes, deben seguir luchando.

Los jóvenes están escuchando, y leyendo, a los maximalistas de ultraizquierda que les repiten que en Chile todo está mal y que nada bueno hizo la generación que, habiendo luchado pacíficamente contra la dictadura de Pinochet, asumió luego la tarea de reconstruir nuestra democracia[74]. Quienes discrepamos de ese juicio y pensamos, por el contrario, que existen muchas razones para sentir orgullo por ese largo y difícil proceso, tenemos el deber cívico ineludible de manifestar esa convicción, sin ningún tipo de complejo.

Podemos y debemos, entonces, reivindicar a esos cientos de miles de obreros, pobladores y campesinos que, convocados por hombres como Manuel Bustos, participaron en formas pacíficas de protesta. Tenemos que mantener viva la memoria del entusiasta movimiento estudiantil liderado por Ljubetic, Rovira, Quintana, Tohá y Micco. Podemos rescatar el testimonio de los dirigentes de partidos políticos históricamente enfrentados que se reencuentran en la renovación, la unidad y la Concertación (Gabriel Valdés, Ricardo Núñez, Ricardo Lagos y Clodomiro Almeyda). Debemos homenajear la dignidad de los millones que, venciendo el miedo, se movilizaron un día 5 de octubre para votar NO. Podemos, en fin, defender el legado político y moral de Patricio Aylwin, el presidente democrático que abrió cauces de verdad, pidió perdón a nombre del Estado, contribuyó a la pacificación de los espíritus y sentó las bases políticas para un desarrollo económico más equitativo (reforma laboral, reforma tributaria, concertación social, etc.).

---

74   Pienso, por ejemplo, en Gabriel Salazar y en Alberto Mayol. **Salazar, Gabriel**: *"En el nombre del poder popular constituyente (Chile siglo XXI)"*, LOM, Santiago de Chile, 2011. **Mayol; Alberto**: *"El derrumbe del modelo"*, LOM, 2012.

Como se ve, no comparto los diagnósticos catastrofistas. No es necesario ser apocalíptico, ni pensar que Chile se encuentra al borde de algún abismo, sin embargo, para los efectos de advertir la necesidad del cambio constitucional. Chile debe pensar en una Nueva Constitución porque nuestro sistema institucional presenta deficiencias graves que, de no ser resueltas oportunamente, arriesgan con transformar a nuestra democracia en una promesa formal en la que pocos creerán[75].

Nueva Constitución

La Nueva Constitución que Chile necesita debe avanzar, entonces, en la dirección de los siguientes tres grandes objetivos: (i) ampliar y robustecer la protección de los derechos fundamentales, (ii) establecer una institucionalidad que profundice el gobierno efectivo de las mayorías, la expresión proporcional de las distintas fuerzas políticas y la participación de sectores históricamente marginados, y (iii) responder a los desafíos nuevos que enfrentan las sociedades del siglo 21.[76]

El Pueblo debe ser protagonista del proceso constituyente. En primer lugar, por una cuestión de principios: el Pueblo es quien tiene el derecho a decidir la forma de su convivencia política. En segundo lugar, si se quiere, por una razón práctica: es difícil que una Constitución hecha de espaldas al Pueblo perdure en el tiempo. Para que una Constitución sea **Casa de Todos**, entonces, no basta con que los arquitectos del proyecto diseñen una estructura amplia y acogedora, es indispensable que todas y todos participemos activamente en el proceso de construcción.

Reivindicar la titularidad del Pueblo no significa desdeñar el papel que juegan las instituciones representativas. Un logro histórico de la magnitud de una Nueva Constitución no será fruto del asambleísmo ni del espontaneísmo de las masas. El cambio constitucional requiere la

---

75   Sobre los problemas que presenta nuestra democracia véanse: **PNUD**: *"Auditoria a la democracia"* (Marcela Ríos, coordinadora), 2014 y **PNUD**: *"Los tiempos de la politización"*, Informe sobre el Desarrollo Humano en Chile 2015, Santiago, 2015.

76   Para un análisis de los contenidos que se proponen para una Nueva Constitución, véase, más abajo, el Capítulo VII.

conducción democrática de liderazgos que se apoyan en partidos que representen efectivamente a la ciudadanía. Para ser exitosos en esta tarea, esos liderazgos deben impulsar, sin complejos ni ambigüedades, una política reformista y no revolucionaria.

También será necesario generar una convergencia entre sectores de centro, izquierda y derecha. La Nueva Constitución no la hacen solo los que ganan las elecciones.

No quiero, en este capítulo, entrar en el detalle de la discusión técnico/jurídica sobre las vías apropiadas para destrabar el problema constitucional[77]. Lo que sí quiero afirmar es mi convicción en el sentido que las estrategias tienen que afincarse en una lectura profunda de nuestra historia. En este sentido, la experiencia histórica chilena demuestra que los avances democráticos solo se han producido cuando sus impulsores han movilizado a grandes mayorías y han respetado a las minorías. Se trata de momentos en que las distintas familias ideológicas que concurren a nuestra tradición republicana han apostado fuertemente por la unidad. Son momentos, además, en que la conducción política reformista ha tenido la sabiduría de conectarse con la profunda vocación pacífica y legalista del Pueblo chileno.

A contrario sensus, cada vez que los impulsores de los cambios se han dejado arrastrar por el sectarismo, han querido soslayar, o defraudar, el cumplimiento de las reglas jurídicas o han creído poder precipitar los cambios por medio de la amenaza o el uso de la fuerza, el resultado ha sido siempre el mismo: una derrota para la tradición republicana. Y un retroceso para Chile.

Es de esa tradición republicana, de esas luchas, de esos aprendizajes y de esas esperanzas de las que se nutrió el proyecto de Nueva Constitución que levantó en su momento la candidatura presidencial de Michel Bachelet.

---

77   Sobre ese punto, véase el Capítulo VI.

IV

La tradición republicana chilena

La visión constitucional que desarrolla este libro se reconoce como heredera y continuadora de la tradición republicana y democrática de nuestra patria[78].

Me parece importante explicar qué significa esta apelación a la tradición republicana[79]. No se trata, evidentemente, de idealizar la historia institucional chilena. Ni tampoco de apostar por algún tipo de restauración del orden constitucional anterior a 1973.

Vivimos un tiempo nuevo. Si el constitucionalismo quiere hacerse cargo de los profundos cambios culturales, económicos, sociales y tecnológicos de las últimas décadas debe explorar fórmulas novedosas. Por lo mismo, el cambio constitucional chileno no puede consistir pura y

---

78   Sobre la tradición republicana chilena, véanse **Ruiz Tagle, Pablo** y **Cristi, Renato**: *"La República en Chile"*, LOM Ediciones, 2006 y **Zapata, Patricio**: *"Justicia Constitucional"*, Editorial Jurídica de Chile, 2008, pp. 161-169.

79   Mi acercamiento al tema de la Tradición data de 1995; véase mi Tesis para optar al Grado de Master en Derecho (LIM) por la Universidad de Harvard, dirigida por el profesor Richard Fallon (*"The uses of tradition in American Constitutional Law"*, junio de 1995). Mis ideas preliminares sobre la tradición republicana chilena, por su parte, fueron escritas durante 1999. "Chile una década de restauración democrática", Cuadernos del Segundo Centenario, Número 13, Centro de Estudios para el Desarrollo, 2000, pp. 47-61. Incidiendo en este mismo tema, los profesores Pablo Ruiz Tagle y Renato Cristi publicaron en 2006 un libro notable, "La República en Chile", conteniendo el resultado de investigaciones realizadas en el período 2002-2005. Esta obra constituye, sin duda, el mejor esfuerzo que se haya realizado para analizar críticamente nuestra historia constitucional.

simplemente en terminar de extirpar los últimos vestigios del proyecto de la dictadura de Pinochet.

La tradición que invocamos no se confunde, entonces, con ninguna fórmula institucional concreta ni supone conservar determinadas prácticas o costumbres. Entendemos una tradición como una línea de continuidad histórica que vincula a diferentes generaciones que, compartiendo aspiraciones y valores, suman sus esfuerzos a la construcción de un proyecto común. Aun cuando es evidente que las tradiciones se expresan en prácticas concretas, hijas de su tiempo y de las circunstancias; lo esencial, y lo que las define como tales, son, precisamente, ciertos ideales normativos comunes que van desplegando toda sus posibilidades gracias al diálogo acumulativo y dialéctico entre mujeres y hombres de distintas épocas.

No es este el lugar para intentar una descripción exhaustiva de los elementos constitutivos de la tradición constitucional chilena. Me gustaría, sin embargo, esbozar algunas reflexiones sobre sus rasgos principales. Para ello, daremos una mirada a la historia política chilena[80].

Nuestra tradición constitucional

Nuestra tesis es que la búsqueda de mayores niveles de libertad e igualdad ha sido una constante de nuestra vida como nación independiente. Ahora bien, y al mismo tiempo, nuestra comunidad ha manifestado siempre, también, una aspiración por los mayores niveles posibles de orden y seguridad. No puede soslayarse, por supuesto, que la persecución de ambos fines puede dar lugar a cierta tensión. Nuestras mentes más

---

80 Véanse, especialmente: **Campos Harriet, Fernando**: *"Historia constitucional de Chile"*, Editorial Jurídica de Chile, Séptima edición, 2005; **Jocelyn-Holt, Alfredo**: *"La independencia de Chile. Tradición, Modernización y Mito"*, Biblioteca del Bicentenario, Planeta/Ariel, 3º Edición, 2001, en especial el Capítulo VII, pp. 197-242. **Álvez, Amaya**: *"El ideal republicano como principio jurídico-político en Chile. Evolución histórica y rol de la interpretación como modo de adecuación de la realidad"*, Anuario de Filosofía Jurídica y Social, Nº 23, Edeval, Valparaíso, 1995, pp. 329-357, **Castillo, Vasco**: *"La creación de la República"*, Serie Republicana, LOM, 2009. **Stuven, Ana María y Cid, Gabriel**: *"Debates Republicanos en Chile"*, Colección Archivos, Ediciones Universidad Diego Portales, Volúmenes I y II, 2012 y 2013.

lúcidas, sin embargo, han reivindicado la posibilidad de una síntesis que las incorpore a ambas[81].

El elemento que podría unir ambas pretensiones es el sentimiento de repugnancia que produce la represión arbitraria o abusiva, es decir, aquella que no se sujeta a los marcos legales. En este orden de ideas, y recordando nuestros orígenes republicanos, no puede olvidarse que uno de los hechos que exacerbó los ánimos autonomistas criollos previa la emancipación fue, justamente, un caso de detención arbitraria. Nos referimos a la decisión del gobernador Antonio García Carrasco, en mayo de 1810, y sobre la base de un sumario secreto con testigos anónimos, de detener y remitir a Lima para su juzgamiento a los vecinos de Santiago José Antonio Rojas, Juan Antonio Ovalle y Bernardo Vera y Pintado. La decisión provocó el rechazo general de los vecinos de Santiago. Luego de asambleas masivas, el gobernador debió renunciar quedando el terreno abonado, objetiva y subjetivamente, para que tres meses después se constituyera la Junta de septiembre.

Constituida la Primera Junta de Gobierno, y entendiendo los vecinos de Santiago que debía recabarse el parecer de las demás localidades de Chile, procedió aquella a convocar a un Congreso de diputados que, en nombre del Pueblo, se constituyera en autoridad con "todo el decoro y consistencia que corresponde a esta importante porción de la España americana"[82]. El Congreso fue definido como "un cuerpo representante de todos los habitantes de este reino y, para que esta representación sea la más perfecta posible, elegirán Diputados los veinticinco partidos en que se halla dividido. El número de Diputados de cada partido debe ser proporcionado a su población"[83].

---

81 Monseñor Raúl Silva Henríquez, cardenal, arzobispo y abogado, destacaba este aspecto al sostener que el amor por la libertad y el respeto a la legalidad serían, ambos, elementos constitutivos de los que llamó, en recordada conferencia, "el Alma de Chile". "El Alma de Chile", Cieplán, 1986. Fue, por lo demás, el sueño de Andrés Bello: conciliar libertad y orden.

82 Reglas para la elección del Congreso de Diputados, 15 de diciembre de 1810. **Valencia, Luis:** *"Anales de la República"*, tomo II actualizado, 2ª Edición, 1986, Editorial Andrés Bello, pp. 1-4.

83 De esta manera, a Santiago correspondían originalmente 6 diputados, a Concepción 3, Talca, Chillán y Coquimbo 2, y el resto uno. Cabe señalar que la asignación de

Y así fue que, entre los meses de febrero y mayo de 1811 se llevaron a cabo las elecciones en todas las circunscripciones. Las de Santiago, inicialmente previstas para el 1 de abril tuvieron que postergarse para mayo en razón del intento de golpe realista encabezado por el coronel Tomás de Figueroa[84]. Finalmente, el 4 de julio, Chile instaló su Congreso de Diputados, el primer Parlamento de Iberoamérica y uno de los más antiguos del mundo.

La preocupación por reconocer y proteger eficazmente los derechos individuales estuvo presente en los líderes autonomistas desde un primer momento. Así, el primer proyecto de Constitución encargado por el Congreso en noviembre de 1811 a Juan Egaña, recogería buena parte de las ideas centrales de Locke, Rousseau y Montesquieu, así como la retórica de la declaración de los Derechos del Hombre y del ciudadano. De este modo, el texto de Egaña afirma, textualmente: "La Constitución reconoce que todos los hombres nacen iguales, libres e independientes, que aunque para vivir en sociedad sacrifiquen parte de su independencia natural y salvaje, ellos conservan y la sociedad protege su seguridad y prosperidad y la libertad e igualdad".

El proyecto de Egaña contiene varias otras declaraciones que resultan de interés para el objeto de reconstruir la historia de la tradición constitucional chilena. En efecto, el texto detallaba un sistema de administración de justicia, que incluía una Corte Suprema, vicarios provinciales y jueces de paz con competencia en lo civil y lo penal. El texto expresaba que "la Constitución reconoce que el hacer justicia a los pueblos es una de las principales garantías del pacto social en que se afianza la tranquilidad, la prosperidad y la seguridad".

---

escaños por ciudad fue la primera de las polémicas del nuevo Congreso. El problema se produjo cuando Santiago, disconforme con su cuota de seis, decidió, unilateralmente, elegir doce diputados al Congreso. Esta decisión de la Capital fue duramente criticada por varios diputados de provincia, entre ellos O'Higgins, y también por el bando patriota o exaltado que había sido derrotado en los comicios santiaguinos.

84   El juicio sumarísimo contra Figueroa y su inmediata ejecución generó una reacción adversa en la ciudad. El hecho que una mayoría de los vecinos haya rechazado el modo arbitrario y odioso con que se actuó, reafirma la existencia de una cierta conciencia de los derechos individuales.

El anteproyecto, en palabras de Gonzalo Izquierdo, "de acuerdo con la declaración francesa y los postulados de Beccaria y Filangieri", garantiza los derechos individuales en 16 artículos[85].

Nos hemos detenido en el primer anteproyecto de Egaña generalmente ignorado o desdeñado, porque refleja algunas de las ideas en boga y anuncia varias de las fórmulas institucionales que se irán adoptando en las décadas siguientes[86].

Pocos meses después del trabajo de Egaña, José Miguel Carrera, ya instalado en el poder, designa una comisión para que prepare un texto constitucional. Esa propuesta, conocida como el Reglamento Provisional de 1812, contiene ocho artículos que contemplan garantías individuales.

Es sabido que en la redacción de este texto tuvo participación activa el Cónsul de Estados Unidos, Joel Poinsett. Quizás a él se deba que varias de las garantías recuerden vivamente algunas de las Enmiendas del Bill of Rights norteamericano. Así, por ejemplo, adviértase la similitud entre el artículo 16 y la 4º Enmienda (utilizando ambas, por ejemplo, la expresión "causa probable").

Aportando datos que confirman la conexión entre el desarrollo del incipiente constitucionalismo chileno y la reflexión humanista europea, Sebastián Donoso ha demostrado la influencia de Beccaria en los redactores del Reglamento de 1812[87].

Mientras tanto, la idea de un gobierno obligado a reconocer y respetar los derechos individuales se difundía. Por ejemplo, fray Camilo Henríquez escribía en 1813: "La seguridad consiste en la protección que concede la sociedad a cada uno de sus miembros para la conservación de su persona, de sus derechos y de sus propiedades. La ley debe proteger la libertad pública e individual contra la opresión. Ninguno puede ser acusado ni preso sino en los casos determinados por la ley, y según el modo

---

85   Izquierdo, Gonzalo: *"Historia de Chile"*, Tomo II, p. 73.

86   Castillo, Vasco y Ruiz, Carlos: *"El pensamiento republicano en Chile"*, Revista Ciencia Política, Volumen XXI, Nº 1, 2001, pp. 25-40.

87   Donoso, Sebastián: *"Los derechos y garantías individuales en la evolución constitucional chilena"*, Ediar Conosur, 2000.

y forma que ella prescribe. Todo acto practicado contra un hombre fuera de los casos y formas prescritos por la ley, es arbitrario y tiránico"[88].

Expresiones análogas pueden encontrarse en documentos, discursos y cartas de contemporáneos como Manuel de Salas, José Miguel Infante y Bernardo O'Higgins. Coherentemente con lo anterior, las sucesivas constituciones políticas fueron recogiendo, cada vez con mayor y más preciso desarrollo, las principales garantías de la libertad personal.

La llamada Constitución liberal de 1828 representa la culminación de este proceso de reconocimiento creciente de las libertades individuales.

Ahora bien, frente al desarrollo de la tradición republicana no es posible dejar de anotar, sin embargo, la posición de quienes identifican orden y seguridad con autoritarismo político y restricción de las libertades. Principal exponente de esta contra tradición es, por supuesto, don Diego Portales[89].

---

88   De su "Catecismo de los Patriotas", citado en **Collier, Simon**: *"Ideas y políticas de la Independencia chilena, 1808-1833"*, Editorial Andrés Bello, 1977, p.148.

89   Me parece que ningún texto sintetiza mejor el ideario portaliano que una carta de don Diego a Antonio Garfias que, fechada el 6 de diciembre de 1834, tiene la virtud de mostrar su pensamiento íntimo. Por lo mismo, vale la pena reproducirla *in extenso*: "A propósito de una consulta que hice a don Mariano, relativa al derecho que asegura la Constitución sobre prisión de individuos sin orden competente de juez, pero en los cuales pueden recaer fuertes motivos que traman oposiciones violentas al gobierno, como ocurre en un caso que sigo con gran interés y prudencia en este puerto, el bueno de don Mariano me ha contestado no una carta sino un informe, no un informe sino un tratado, sobre la ninguna facultad que puede tener el Gobierno para detener sospechosos por sus movimientos políticos. Me ha hecho una historia tan larga, con tantas citas, que me he quedado en la mayor confusión, y como si el papelote que me ha remitido fuera poco, me ha facilitado un libro sobre el Habeas Corpus. En resumen; de seguir el criterio del jurisperito Egaña, frente a la amenaza de un individuo para derribar la autoridad, el Gobierno debe cruzarse de brazos, mientras como dice él, no sea sorprendido in fraganti.

Con los hombres de ley no puede uno entenderse; y así, para qué carajo sirven las Constituciones y papeles, si son incapaces de poner remedio a un mal que se sabe existe, que se va a producir, y que no puede conjurarse de antemano tomando las medidas que pueden cortarlo. Pues es preciso esperar que el delito sea in fraganti.

En Chile la ley no sirve para otra cosa que no sea producir la anarquía, la ausencia de sanción, el libertinaje, el pleito eterno, el compadrazgo y la amistad. Si yo, por ejemplo, apreso a un individuo que sé está urdiendo una conspiración, violo la ley. ¡Maldita ley entonces si no deja al brazo del gobierno proceder libremente en el momento oportuno! Para proceder, llegado el caso de delito infraganti, se agotan

Aun cuando una parte de la clase dirigente coincidía con Portales en la necesidad de priorizar el orden y la seguridad pública, aún a expensas del pleno ejercicio de las libertades públicas; la mayoría no compartía su desprecio por las formalidades constitucionales y legales. Así se explica que, más allá de los cambios políticos, la Constitución Pelucona de 1833 haya permanecido fiel, en lo grueso, a los compromisos garantistas de la Carta Pipiola de 1828.

La preocupación permanente de Mariano Egaña, principal redactor de la mencionada Constitución de 1833, por garantizar los derechos de las personas se manifiesta en su interés por elaborar nuevas reglas procesales ("las leyes marianas", 1837)[90]. El afán por conciliar orden y libertad, característico de nuestra tradición republicana, es, por otra parte, una constante en el pensamiento de Andrés Bello, para quien: "el mejor gobierno será el que presta confianza y seguridad a los ciudadanos respetando las leyes, y los deja gozar de la libertad"[91].

---

las pruebas y contrapruebas, se reciben testigos que muchas veces no saben lo que van a declarar, se complica la causa y el juez queda perplejo. Este respeto por el delincuente o presunto delincuente, acabará con el país en rápido tiempo. El gobierno parece dispuesto a perpetuar una orientación de esta especie, enseñando una consideración a la ley que me parece sencillamente indígena. Los jóvenes aprenden que el delincuente merece más consideración que el hombre probo; por esto los abogados que he conocido son cabezas dispuestas a la conmiseración en un grado que los hace ridículos. De mí sé decirle que ¡Con ley o sin ella, esa señora que llaman Constitución, hay que violarla cuando las circunstancias son extremas! ¡Y qué importa que lo sea, cuando en un año la parvulita lo ha sido tantas por su perfecta inutilidad!

Escribí a Tocornal sobre este mismo asunto, y dígale usted lo que pienso. A Egaña que se vaya al carajo con sus citas y demostraciones legales. Que la ley la hace uno procediendo y sin espíritu de favor. A los tontos les caerá bien la defensa del delincuente; a mí me parece mal que se les puedas amparar en el nombre de esa Constitución, cuya majestad no es otra cosa que una burla ridícula de la monarquía de nuestros días.

Hable con Tocornal, porque él ya esté en autos de lo que pienso hacer. Pero a Egaña dígale que sus filosofías no venían al caso ¡Pobre Diablo!".

90 Sobre Mariano Egaña véase: **Brahm, Enrique**: *"Mariano Egaña: los inicios liberales y patriotas del jurista del régimen pelucón"*, Revista Chilena de Derecho, Volumen 28 Nº 3, julio-septiembre de 2001, pp. 593-598.

91 En **Squella, Agustín**: *"Andrés Bello: Ideas sobre el Orden y la Libertad"*, Estudios Públicos, Número 11, 1983, pp. 228-243. también véase: **Doyharcabal, Solange**: *"El pensamiento de Bello en el Derecho Penal"*, Boletín de Investigaciones, Facultad de Derecho, Universidad Católica de Chile, Nº 43, 1979, pp. 20-71.

Me parece, en suma, que desde muy temprano, el Chile republicano fue dando origen a una tradición constitucional respetuosa de las libertades y preocupada de evitar los abusos de poder[92].

Los demasiado frecuentes, y siempre dramáticos, brotes de autoritarismo no alcanzaron nunca, aunque fueran largos, a destruir la fuerza cultural de esta tradición[93].

---

92 Quizás nadie ha expresado mejor esta idea que el filósofo Jorge Millas cuando, hablando en el teatro Caupolicán, y llamando a votar NO en el plebiscito de 1980, señaló: "La historia de nuestra Nación se resume en la marcha continua hacia el ideal de la vida democrática. A través de más de ciento cincuenta años aprendimos no sin tribulaciones ni sobresaltos, a escucharnos y ejercer el derecho a ser escuchados. Nos acostumbramos a la altivez del ciudadano que obedece con la dignidad de quien ve su propia voluntad de convivencia reflejada en el espíritu y el orden político. Aprendimos a ver en el Presidente de la República a un primero entre iguales, a respetarlo sin temor, a considerarlo como un mandatario, esto es, encargado por nosotros de un cometido nuestro, no como un oráculo. Nos familiarizamos con la aspereza de los debates, con la intransigencia de los planteamientos doctrinarios, hasta con el vocerío a veces inquietante de la multitud. Pero siempre confiamos en la fuerza del orden interior de los espíritus y en la profundidad histórica de las instituciones que triunfaban siempre. No sin razón podíamos enorgullecernos del buen sentido nacional. Dudábamos de muchas cosas, pero no de nuestro derecho a la duda. Vacilábamos, a veces, sobre el camino a seguir, pero nos animaba la fe de poder encontrarlo, como en el pasado, mediante el esfuerzo común de todos. Discutíamos, pero sin odio y sin temor. No temíamos a los abusos de poder, porque los abusos eran públicos, y públicamente se juzgaban por una prensa libre. Cuando llegaba el momento del gran rito democrático de designar mediante nuestros votos al ciudadano a quien se confiaba el mando supremo, pero no soberano, de la nación, juzgábamos, discutíamos, comparábamos a distintas personas y hacíamos que nuestro sentir y nuestro pensar de hombres libres nos ayudarán a sortear, sin dogmatismos, la encrucijada práctica entre la incertidumbre y la esperanza. Desconfiábamos de los partidos únicos y también de los hombres únicos". En **Figueroa, Maximiliano**: *"Jorge Millas. El valor de pensar"*, Ediciones Universidad Diego Portales, Santiago, 2011, pp. 150-151.

93 Una y otra vez, a lo largo del siglo XX, la fuerza cultural de la tradición constitucional se mostró más fuerte que el autoritarismo. Así, por ejemplo, y a pocos meses del golpe militar de septiembre de 1924, y cuando Arturo Alessandri convoca a una Comisión amplia para estudiar una nueva Constitución, prácticamente no hay ninguna voz que reniegue del ideario republicano. En 1952, el *ethos* constitucional fue lo suficientemente fuerte como para desplazar a quienes le sugerían al general Ibáñez que transformara su popularidad en caudillismo autoritario. La dictadura del general Pinochet, que impulsó grandes transformaciones sociales y económicas, todas ellas con evidente impacto en la vida cultural, no pudo, sin embargo, extirpar completamente la tradición de la que estamos hablando. Y así, comenzando en 1981, los estudiantes de las Universidades de Chile, Católica de Chile, de Concepción, de Valparaíso, Católica de Valparaíso y de Santiago, legítimos herederos y continuadores de la tradición republicana, comenzaron la reconstrucción de la institucionalidad

La tradición constitucional chilena integra varias vertientes. Existe, por una parte, la contribución decisiva del pensamiento laico y de sus instituciones más emblemáticas[94]. La Iglesia Católica, y los católicos en general, por su lado, han jugado un papel igualmente relevante en la configuración de nuestra tradición republicana[95]. El mundo de izquierda también ha concurrido, y muy significativamente, desde la teoría y desde las prácticas democratizadoras, a enriquecer este cuerpo de ideas[96].

---

democrática en cada uno de sus Centros de Estudio (Federaciones estudiantiles, estatutos, Tribunales calificadores, separación de funciones y reconocimiento de derechos a las minorías). Quienes habían tenido 8 ó 10 años de edad cuando murió el régimen institucional democrático en 1973, proponían y aplicaban, una década después, listas de partido para el legislativo universitario y segunda vuelta presidencial. El testimonio de los padres y la enseñanza de los maestros, en liceos laicos y colegios católicos, había mantenido viva la tradición. En lo personal, recuerdo que a mediados de 1979, en plena dictadura, y cursando yo 8º básico, un profesor de historia, radical, bombero y ovallino, explicaba a mi curso, y con lujo de detalles, el sistema de la cifra repartidora. Lo que podía parecer en ese momento completamente inútil, era enseñado, sin embargo, como lo normal: aquello hacia lo cual Chile habría de volver. Seis años después, yo recorría las salas de clases de la Universidad Católica explicando el complicado método, D´Hont, con arreglo al cual se eligieron en 1985 los 100 miembros del Claustro Pleno Estudiantil.

94 Pensemos, por ejemplo, en el aporte de la Universidad de Chile. Véase: **Serrano, Sol**: *"Universidad y Nación"*, Editorial Universitaria, Santiago, 1993.

95 Permítaseme, simplemente por vía ejemplar, mencionar algunos de los aportes del catolicismo chileno a la Tradición republicana chilena: a) El catolicismo político chileno de fines del siglo 19 y principios del siglo 20, expresado fundamentalmente en el partido conservador, fue un activo defensor y promotor de las libertades de prensa, de asociación, enseñanza y electoral. El Partido Conservador, y no los liberales, se comprometió a fondo con la descentralización política (ley de la comuna autónoma de 1893) y con el sufragio femenino en todos los niveles. **Valenzuela, Samuel**: *"Democratización vía Reforma"*, IDES, Buenos Aires, 1985. Sobre este aporte a la libertad véanse los nombres de Manuel Antonio Tocornal, Manuel José Irarrázaval, Carlos Walker Martínez, Abdón Cifuentes, Rafael Luis Gumucio y Horacio Walker. b) Durante la dictadura militar del general Pinochet la Iglesia Católica y algunas denominaciones evangélicas tuvieron un rol fundamental en la defensa de los derechos humanos. Mientras el cardenal Raúl Silva Henríquez y la Vicaría de la Solidaridad cumplían una tarea valiente y necesaria; la institución histórica laica por antonomasia, la masonería, guardó un silencio lamentable; y c) Desde su génesis en 1957, el Partido Demócrata Cristiano, de claras raíces en el mundo cultural católico, ha prestado, a través de algunos de sus líderes, un servicio activo a la defensa de las libertades públicas y a la restauración democrática y republicana (por ejemplo, Alejandro Silva Bascuñán, Eduardo Frei Montalva, Enrique Evans de la Cuadra, Francisco Cumplido, Patricio Aylwin, Máximo Pacheco, Jaime Castillo Velasco, etc.).

96 Véanse: "Eugenio González Rojas. Pensamiento vigente", Hernán Contreras (editor),

Habiendo afirmado la existencia de esta tradición constitucional chilena, quisiera, a continuación, referirme concretamente a dos de sus características específicas.

La valoración positiva de la diversidad es un primer elemento de esta tradición. No exageraría si dijera que uno de los principales objetivos perseguidos por la tradición republicana chilena ha sido, precisamente, avanzar desde un país dominado por una minoría formada por hombres de origen europeo, católicos y pudientes (burgueses y/o aristócratas) y afincados en Santiago hacia una comunidad en que el poder esté repartido entre mujeres y hombres, capitalinos y provincianos, europeos, mestizos e indígenas, cristianos de diversas denominaciones, agnósticos y ateos, etc.

De esta manera, esfuerzos como el Club de la Reforma o la Sociedad de la Igualdad y cambios legales como la ley interpretativa en materia de cultos de 1863 y las leyes de registro civil, matrimonio civil y cementerios laicos pueden ser leídos como elementos de esta lucha por el respeto a la diversidad.

Mirada desde esta óptica, la Constitución política vigente, aún después de todas las reformas que se le han hecho, ¡35!, aparece muy en deuda. Se trata, en efecto, de un texto que no le hace suficiente justicia ni a las regiones ni a las mujeres ni a los pueblos indígenas.

Un segundo elemento de la tradición republicana y democrática es la valoración de la concordia. Por concordia entendemos aquel clima cultural en que los que piensan distinto no solo pueden convivir pacíficamente (se toleran), sino que, además, tienen la disposición, más allá de sus legítimas diferencias, a colaborar en las tareas del Bien Común (cooperan).

No es casualidad que los momentos en que Chile más progresó coinciden con épocas en que se viven climas de concordia. Por el contrario, en los momentos de máximo conflicto el país se estancó o, peor aún, se vio arrastrado al conflicto armado.

Pequeño Dios editores, Santiago, 2011 y "Eugenio Matte Hurtado. Textos políticos y discursos parlamentarios", LOM, Santiago, 2010.

Los acuerdos han sido positivos para el desarrollo de nuestra patria. La forma inteligente en que se pactó la reforma electoral en 1874 permitió que las fuerzas minoritarias se incorporaran en plenitud al proceso político. De esta manera, cuando nos sorprendió la Guerra del Pacífico, el país pudo contar con el concurso político y administrativo de todos sus hijos, fueran estos conservadores, radicales o liberales. La forma pactada en que se produjo la separación de la Iglesia y el Estado en 1925 nos ahorró los sufrimientos a que se vieron sometidos los países que zanjaron este asunto por la vía de la imposición unilateral. El modo abierto, en fin, con que el presidente Pedro Aguirre Cerda atendió las quejas de una oposición de derecha que reclamaba contra la violencia que sufrían sus candidatos y electores el día de la votación, dando paso a una ley que entregaba el cuidado del orden público el día de los comicios a las FFAA, aseguró que las diferencias políticas se siguieran ventilando en los pasillos del Congreso y no en los cerros.

La falta de acuerdos, por otra parte, ha marcado los momentos más dramáticos de nuestra historia. Recuérdese, si no, el doloroso fracaso en las conversaciones que llevaban adelante la UP y la DC a mediados de 1973.

Es desde esta perspectiva que me animo a reivindicar el valor de los acuerdos que marcaron los primeros años de nuestra nueva democracia. En los momentos en que escribo estas líneas, parece cerrarse un ciclo de casi cuatro años (2011-2015) en que pareció muy hegemónico, sin embargo, el discurso de quienes descalifican dicha política. No me interesa, por supuesto, defender todas y cada una de las negociaciones. Me interesa, sin embargo, resaltar el valor de una praxis política caracterizada por la colaboración.

El desarrollo de cualquier tradición política tiene, por supuesto, un componente conflictivo inevitable. Hay que considerar, por una parte, la resistencia que ofrece naturalmente la realidad que no acepta ser juzgada, ni menos cambiada. Existe, además, por supuesto, el debate y la competencia, que plantean otras tradiciones alternativas. Mi rescate de la concordia no niega lo anterior.

La historia de la tradición republicana chilena no ha escapado, por supuesto, a esta dimensión de conflicto. Puede hablarse, entonces, de una larga lucha por ir afianzando los principios liberales, igualitarios y democráticos que ella encierra. Ha habido épocas buenas en que la tensión se ha procesado en paz. Otras veces, se ha perdido la concordia y el conflicto se ha vuelto violento. Y así como existen periodos de progreso significativo, existen también épocas en que las fuerzas autoritarias y oligárquicas han logrado imponer sus términos. Estos últimos son los momentos en que nadie puede estar seguro en el ejercicio de sus derechos más esenciales.

Continuemos, pues, con nuestra revisión de la tradición democrática y republicana chilena recordando, precisamente, uno de esos momentos tenebrosos de nuestra historia.

La luz que brilla en la hora más oscura

1976 fue, para muchísimas chilenas y muchísimos chilenos, un año terrible. No porque hayamos debido sufrir como país los efectos de alguna catástrofe natural, como en 1906 o en 1939; ni porque se hayan sentido acá las repercusiones de alguna crisis económica internacional, como en 1929. 1976 fue especialmente terrible por el grado de eficacia y refinamiento –si se me permiten esas expresiones–, que alcanzó la violación de los derechos humanos por parte de la dictadura del general Pinochet.

Es verdad, por supuesto, que en el año 1973 hubo un mayor número de víctimas y que la represión de 1974 y 1975 fue extraordinariamente masiva y violenta[97]. Lo que vuelve especialmente terrible a 1976, sin embargo, es el hecho que, a esas alturas, la burocracia a cargo de la violación directa de los derechos humanos –principalmente la DINA– detentaba altísimos niveles de poder[98]. Y mientras se torturaba y se hacía

---

97   Véase el Informe de la "Comisión de Verdad y Reconciliación", Chile, 1991.

98   **Salazar, Manuel:** *"Las letras del Horror"*, Tomo I: La DINA, Colección Nuevo Periodismo, LOM Ediciones, Santiago, Chile, Cuarta reimpresión, 2013, pp. 235-267

desaparecer a casi toda la plana mayor de los partidos socialista, MIR y comunista de Chile, los tribunales de justicia simplemente miraban para el lado[99]. No cabe duda, la dictadura cívico-militar del General Pinochet había perfeccionado al máximo su capacidad de producir terror.

Envalentonada por su situación de poder aparentemente omnímodo, la DINA, que ya se había involucrado en atentados en Buenos Aires y Roma, coordina en septiembre de este mismo año un audaz acto criminal en la propia capital de los Estados Unidos.

El panorama político no podía ser más desesperanzador. Desarticulados los sindicatos, disueltos los partidos políticos, intervenidas la prensa y las universidades, parecía como si no quedara nada de la vieja democracia chilena de la que tanto nos habíamos enorgullecido antes de 1973.

Pero fue precisamente en esa hora oscura, la más oscura de todas, que se hizo sentir una señal de esperanza. El 18 de septiembre de 1976, y aprovechando la oportunidad que ofrece la homilía del Tedeum Ecuménico con que se ruega por la patria, el arzobispo de Santiago, cardenal Raúl Silva Henríquez alzó su voz para pedir por la paz. Fiel a su

---

99 Fueron miles los recursos de amparo desestimados por las cortes chilenas entre 1973 y 1981 (Informe de la "Comisión de Verdad y Reconciliación"). Véase, sólo a título ejemplar, lo ocurrido con ocasión del secuestro y posterior desaparición, en 1975, del doctor Carlos Lorca, ex diputado por Valdivia y Secretario General de la Juventud Socialista, a la sazón de 30 años de edad. En su nombre se presentaron numerosos recursos de amparo. La familia interpuso ante la Corte de Apelaciones de Santiago el Amparo Rol Nº 806-75, el 1 de julio de 1975. La dictadura, como en los otros casos, negó su detención. El ministro del Interior, Raúl Benavides Escobar, respondió en dos oportunidades a la Corte, el 9 y el 18 de julio, que no se encontraba detenido por orden de dicha Secretaría de Estado. En virtud a estos informes, la Corte procedió a rechazar el recurso el 25 de julio de 1975. De esta decisión se apeló ante la Corte Suprema, adjuntándose a la presentación las declaraciones de cinco personas que fueron testigos de la detención del afectado. El máximo tribunal ofició a la DINA, obteniendo como respuesta un Oficio del Ministro del Interior, en el que se señalaba que carecía de antecedentes relacionados con "el referido Lorca", agregando que en el mismo sentido se había pronunciado la Dirección de Inteligencia Nacional el 13 de agosto de 1975. Sobre estas bases, la Corte Suprema confirmó el fallo de la Corte de Apelaciones el 18 de agosto de 1975.

Los antecedentes fueron remitidos al 4° Juzgado del Crimen, en donde se abrió el proceso Rol Nº 107.782 por presunta desgracia. Prácticamente sin diligencias, se cerró el sumario el 13 de junio de 1977, sobreseyéndose la causa el 15 de junio del mismo año, y el 1° de agosto la Corte de Apelaciones confirmó el fallo.

estilo, don Raúl no se quedó en blandas generalidades, sino que identificó las concretas exigencias de la paz: justicia, amor y libertad[100].

Sobre la justicia, Silva Henríquez expresó: "Nuestro celo por los derechos de Dios reclama (...) un análogo celo por los derechos del hombre. Dios quiere que sus hijos sean respetados y amados. En el agravio hecho a un hombre, Dios se considera Él mismo agraviado. Y el hombre violentado por la injusticia siente germinar en él el resentimiento y la contraviolencia. En la injusticia, la paz ha encontrado su primer obstáculo"[101].

En relación al amor, el cardenal alertó sobre el hecho que "cómo siempre, nos amenaza la tentación de creer en el odio. Él sabe mostrarse seductor. Promete extirpar, rápida y radicalmente, todos los obstáculos al triunfo de la verdad –nuestra verdad–. Comparece como vengador celoso de la justicia violada –nuestra justicia–. Y declara lícitos todos los medios, con tal que sirvan a ese fin. El odio se hace así inseparable de la violencia, y ésta le presta su forma atractiva y seductora, como si fuera el único o el mejor camino. "La violencia –decíamos con angustia hace cuatro años– no es el único camino ni el mejor camino. Ni siquiera es un camino. Los pueblos no se ponen en marcha sustituyendo una violencia por otra". En esta línea, el arzobispo advierte contra las voces de "mal disimulada violencia o de abierto anuncio de venganza" que plantean que no existe otra disyuntiva que "plena victoria o destrucción total".

En cuanto a la libertad, la prédica planteó: "Los miembros de un cuerpo social gozan de tranquilidad cuando saben que sus derechos fundamentales están jurídicamente protegidos contra toda arbitrariedad. Ese es precisamente el sentido y objetivo del orden: asegurar las condiciones que hacen expedito el ejercicio de la libertad. Un orden

---

100   *"El Cardenal nos ha dicho"*, Editorial Salesiana, Santiago de Chile, Octubre de 1982, pp. 252-261.

101   Las palabras de Silva Henríquez iban de la mano con acciones concretas. El 1 de enero de ese mismo año 1976, la Iglesia Católica de Santiago había instituido la Vicaría de la Solidaridad, entidad eclesial comprometida con la defensa de los derechos humanos de los perseguidos por la dictadura.

que se obtuviere a costa de la libertad sería un contrasentido. Y el pueblo objeto de ese orden ya no sería pueblo sino masa". Agrega el cardenal: "Libertad que nunca los chilenos identificamos con anarquía ni arbitrariedad. Libertad regulada y protegida por un ordenamiento jurídico objetivo y una autoridad impersonal, sometida ella misma a la ley y al permanente juicio del pueblo".

A todos estos valores, Silva Henríquez los llama "alma de Chile" y "gran intuición y gran legado de nuestros Padres de la Patria". El recuerdo de O'Higgins y Mariano Egaña le permite al cardenal señalar: "No es necesario, por eso, inventar un camino: nuestra más pura tradición democrática y republicana es el camino. A nosotros nos toca reconquistarla y readecuarla a las situaciones siempre cambiantes. Educándonos al ejercicio de nuestra libertad, asentamos el cimiento profundo de la solidaridad y seguridad nacionales".

En el párrafo recién transcrito está la clave. Con todas sus letras. Y dicho en presencia del propio dictador Pinochet: "El camino de la paz" para Chile no es otro que "su más pura tradición democrática y republicana".

Las palabras del cardenal, "voz de los que no tenían voz", expresaban la convicción que bajo el peso de la censura y el terror todavía seguía existiendo, aunque fuera sumergido, el país, republicano y democrático, que entre 1932 y 1970 había elegido sucesivamente a ocho presidentes, de distinto signo, en comicios libres y competitivos. El país de la CUT, de las federaciones estudiantiles, de la prensa pluralista y de los debates cívicos pacíficos[102].

---

102   No se me escapa, por supuesto, que la realidad de nuestra democracia entre 1932 y 1973 tenía también muchas sombras. No hay que olvidar, en efecto, que ese mismo régimen excluyó hasta 1949 el voto femenino en las elecciones políticas. Es también, un sistema político que convive con el cohecho hasta 1958. Una democracia con exclusión ideológica entre 1948 y 1958 (Ley de Defensa de la Democracia o ley Maldita), grupos paramilitares de distintos signo (milicias republicanas, ACHA, MIR, Patria y Libertad) intento de *Putsch* naci en 1938, agitación militar (Ariostazo en 1939, sublevación del Tacna en 1969), etc. Nada de lo anterior, sin embargo, me parece que alcanza a negar el hecho que a lo largo de esas décadas la sociedad chilena avanzaba progresivamente en el ejercicio de sus libertades políticas.

No se equivocaba el cardenal Silva Henríquez. Poco a poco, la tradición a la que él apela comenzará a evidenciar signos visibles de recuperación. Durante ese mismo año 1976, comenzará la rearticulación del movimiento sindical (Coordinadora Nacional Sindical y "Grupo de los Diez"). Al año siguiente, irrumpirán las primeras protestas en Chuquicamata. Grupos estudiantiles comienzan a organizarse en las universidades. Los pobres de las grandes ciudades organizan ollas comunes que, amén de su propósito inmediato, serán la génesis de un movimiento de pobladores. El partido socialista, dentro y fuera del territorio nacional, comienza lo que sería el proceso de renovación. La directiva de la Democracia Cristiana, por su parte, pone fin a su posición de independencia crítica y se alinea, finalmente, con las fuerzas opositoras[103].

En el terreno del derecho constitucional propiamente tal, la más nítida señal de renacimiento de la tradición republicana se producirá en julio de 1978 cuando un grupo de 24 personalidades, de distintas afinidades ideológicas, convocan a "emprender el examen y debate de las ideas básicas que contribuyan a producir ese acuerdo democrático que ha de ser el fundamento de la futura institucionalidad"[104]. Serán el

---

103 Conviene recordar que un grupo de 13 importantes dirigentes del PDC declaró su rechazo al golpe y a la dictadura el mismo día 11 de septiembre de 1973 (Bernardo Leighton, Renán Fuentealba, Ignacio Palma, Radomiro Tomic, entre otros). El ex presidente Frei Montalva, quien no tuvo conocimiento previo ni injerencia alguna en la intervención militar, evitó una condena cerrada al golpe, confiando en que los militares cumplirían su compromiso de restaurar a la brevedad la institucionalidad quebrantada. En la medida que pasaban los meses y se conocían, además, los casos de abuso de poder, Frei fue marcando diferencias con la dictadura. De esta manera, a fines de 1975 rechazó participar en el Consejo de Estado y a principios de 1976 dio a conocer un texto ("El mandato de la historia y las exigencias del porvenir") que contenía claras críticas a la situación del país. En paralelo, y sin perjuicio que hubiera democratacristianos que habían sufrido la represión desde los primeros días de la dictadura (por ejemplo, Manuel Bustos y Sergio Verdugo), los actos de hostigamiento y persecución contra el PDC se intensifican a partir de 1975 (relegación de Belisario Velasco a mediados de 1975, atentado contra Bernardo Leighton en Roma a fines de 1975, exilio de Jaime Castillo Velasco a mediados de 1976, definitiva proscripción del PDC a principios de 1977, etc.).

104 Los convocantes iniciales, con su afiliación ideológica entre paréntesis, fueron: René Abeliuk (SD), Patricio Aylwin (DC), Edgardo Boeninger (DC), Fernando Castillo (DC), Jaime Castillo (DC), Héctor Correa (derecha democrática), Gonzalo Figueroa (SD), Juan Agustín Figueroa (SD), Ignacio González (DC), Luis Izquierdo (Ind.), Eduardo

Grupo de Estudios Constitucionales ("Grupo de los 24") y constituyen una instancia pionera en el reencuentro y convergencia de opositores a la dictadura que se habían confrontado duramente en el período 1970-1973. Se trata, sin duda, de un precedente clave de lo que será en 1983 la Alianza Democrática, en 1985 el Acuerdo Nacional, en 1986 la Asamblea de la Civilidad y en 1988 la Concertación de Partidos por la Democracia.

En estas páginas hemos recordado el testimonio profético del cardenal Raúl Silva Henríquez. La verdad, en todo caso, es que fueron muchos los obispos, los religiosos y las religiosas de la Iglesia Católica que asumieron con valentía la tarea de ser pastores de todo el pueblo chileno. Por haber denunciado las violaciones a los derechos humanos y por reclamar un retorno a la normalidad democrática, la Iglesia recibió fuertes descalificaciones por parte de la dictadura y de católicos de derecha. Una y otra vez se le exigió a la Iglesia que "no se metiera en política". Estaban equivocados de religión. La Iglesia estaba cumpliendo a cabalidad la misión encomendada por Cristo: acompañar a los pobres y a los perseguidos. Esa fidelidad, en horas difíciles y con enorme costo, le ha confirmado a la Iglesia un lugar, también, en la tradición republicana de nuestra patria; circunstancia que debiera ponernos en alerta contra aquel laicicismo militante que, ahora desde cierta izquierda, parece querer arrinconarla en las sacristías.

Jara (PR), Eduardo Long (PS), Joaquín Luco (Ind.), Luis Fernando Luengo (SD), Alberto Naudón (SD), Hugo Pereira (PS), Raúl Rettig (PR), Pedro Jesús Rodríguez (DC), Manuel Sanhueza PR), Víctor Santa Cruz (Ind.), Alejandro Silva Bascuñán (DC), Ramón Silva Ulloa (PS), Julio Subercaseaux (derecha democrática) y Sergio Villalobos (Ind.).

V

El debate constituyente en Chile

Como lo he explicado más arriba, estoy entre quienes piensan que la Constitución chilena vigente, pese a los perfeccionamientos importantes de que ha sido objeto en los últimos 25 años, no alcanza a constituirse, sin embargo, en la **Casa de Todos** que Chile merece y necesita. De esta manera, y sin que ello implique negar la legitimidad del texto actual y reconociendo, además, que este contiene muchas cláusulas valiosas que deben mantenerse, creo muy conveniente avanzar hacia una Nueva Constitución.

Pipiolos y pelucones

El proceso constituyente confronta diversas visiones[105]. Es un momento

---

105   Una revisión de la abundantísima literatura nacional reciente sobre el proceso constituyente, debiera incluir, al menos, los textos que se indican a continuación. Poniendo en duda la existencia de un auténtico problema constitucional véanse: **Cea, José Luis**: *"Nueva Constitución o Reforma Constitucional: ¿Refundación del Estado o Progreso Institucional?"*, ponencia presentada en Seminario Clapes UC, 2015 y **Fernández, Miguel Ángel**: *"Fortalezas y debilidades de la Constitución actual"*, en "¿Nueva Constitución o Reforma? Nuestra propuesta: evolución constitucional", Thomson Reuters, Santiago de Chile, 2015, pp. 3-28. Sobre nuestro debate constitucional en el último lustro véanse: **Fuentes, Claudio** (editor): *"En el nombre del Pueblo. Debate sobre el cambio constitucional en Chile"*, ICSO, Heinrich Böll Stiftung, 2010; **Sierra, Lucas** y **Mac-Clure, Lucas**: *"Frente a las mayorías. Leyes supramayoritarias y tribunal constitucional en Chile"*, Centro de Estudios Públicos, Santiago de Chile, 2011; **Fuentes, Claudio**: *"El Pacto. Poder, Constitución y prácticas*

en que debemos escuchar las distintas voces. Ahora bien, es también la ocasión en que marquemos las diferencias. En las páginas que siguen quiero criticar las que considero posiciones constitucionales equivocadas (que para efectos del análisis llamaré *pipiolos* y *pelucones*). Inmediatamente a continuación, defenderé una perspectiva que me parece preferible (que denominaré *republicanismo* o *reformismo democrático*).

Permítaseme explicar el sentido preciso en que empleo los rótulos *pipiolo* y *pelucón*[106]. No es, exactamente, el históri-

---

políticas en Chile (1990-2010)", Ediciones Universidad Diego Portales, Santiago de Chile, 2012; **Fernández, Mario:** *"La Constitución contra sí misma"*, Legalpublishing y Thomson Reuters, 2013; **Huneeus, Carlos:** *"La democracia semisoberana. Chile después de Pinochet"*, Taurus, 2014; **Chía, Eduardo** y **Quezada, Flavio** (editores): *"Propuestas para una Nueva Constitución"*, Instituto Igualdad, Friedrich Stiftung, Facultad de Derecho de la Universidad de Chile, 2015; **Benítez, Jorge** y **Rosas, Pedro** (editores) *"La República Inconclusa. Una Nueva Constitución para el Bicentenario"*, Editorial Arcis, Santiago, 2009; **Joignant, Alfredo** y **Fuentes, Claudio** (editores): *"La solución constitucional"*, Catalonia, 2015; **Bellolio, Cristóbal:** *"Pinochet, Lagos y nosotros"*, Debate, Penguin Random House, 2015; **Atria, Fernando:** *"La Constitución tramposa"*, Colección Ciencias Sociales y Humanas, LOM, 2013; **Ruiz-Tagle, Pablo** y **Cristi, Renato:** *"El constitucionalismo del miedo. Propiedad, bien común y poder constituyente"*, Colección Ciencias Sociales y Humanas, LOM, 2014; **Zúñiga, Francisco** (coordinador): *"Nueva Constitución y momento constitucional. Visiones, Antecedentes y Debates"*, Legalpublishing y Thomson Reuters, Santiago de Chile, 2014; **Sierra, Lucas** (editor): *"Diálogos Constitucionales"*, Centro de Estudios Públicos, Santiago de Chile, 2015; **García, José Francisco** (coordinador): *"¿Nueva Constitución o reforma? Nuestra propuesta: evolución constitucional"*, Thomson Reuters, Santiago de Chile, 2014; **Tórtora, Hugo** y **Jordán, Tomás** (coordinadores): *"Estudios para una nueva Constitución"*, Editorial Metropolitana, Santiago de Chile, 2014 y **Bassa, Jaime; Ferrada, Juan Carlos** y **Viera, Christian** (editores): *"La Constitución chilena. Una revisión crítica a su práctica política"*, Derecho en Democracia, LOM, Santiago de Chile, 2015 y **Zapata, Patricio:** *"La Nueva Constitución y el Bien Común"*, en "Nueva Constitución y momento constitucional. Visiones, Antecedentes y Debates", Legalpublishing y Thomson Reuters, Santiago de Chile, 2014, pp. 81-115.

106 La taxonomía que empleo en este artículo no debe confundirse con la interesante clasificación sobre constitucionalismos latinoamericanos (distinguiendo entre "conservadores", "liberales" y "radicales") que ha venido proponiendo, y explicando, desde hace unos 10 años Roberto Gargarella. Véanse **Gargarella, Roberto:** *"Los fundamentos legales de la desigualdad. El constitucionalismo en América 1776-1860"*, Siglo XXI, Madrid, 2005 y *"La sala de máquinas de la Constitución. Dos siglos de constitucionalismo en América Latina (1810-2010)"*, Katz Editores, Buenos Aires, 2014. También en un sentido distinto, véase la taxonomía de constitucionalismos que propone Pablo Riberi, quien distingue entre: a) "liberales extremos (con todos los cripto-constitucionalistas"), los que suscriben a lo que llama "teorías heterónoma-sustantivistas de justificación filosófica de la Constitución", b) "posturas liberales y algunas republicanas moderadas-partidarios del *discourse ethics*, por ejemplo" que

co.[107] Sin perjuicio de existir alguna correlación, *pipiolo* no es sinónimo de izquierdista y *pelucón* no es equivalente a derechista[108].

---

adhieren a "teorías filosóficas autónomas de la Justicia", c) "corrientes populistas de corte mayoritaristas-plebiscitarias" que sustentan "teorías político-convencionales de exclusiva reivindicación mayoritaria" y d) "algunas renovadas vertientes republicano-democrático-populares de corte "procesualistas", las que sin sacrificar el carácter normativo-positivo de los contenidos de los acuerdos constitucionales, salvan de todos modos la soberanía popular –la primacía de la voluntad de la mayoría– como fundamento de validez tanto del orden constitucional vigente, como así también de las sucesivas reformas que recibiere la Constitución". En **Riberi, Pablo**: *"Prolepsis y experiencia de la multitud como vigas maestras de la Constitución"*, en "Teoría Constitucional. Ensayos escogidos", José Ignacio Núñez (coordinador), Ediciones Universidad Finis Terrae, Santiago, diciembre de 2014, pp. 64-67.

107 Los términos "pipiolo" y "pelucón" corresponden a los nombres con que se reconoció desde 1824 en adelante, y hasta 1850, a los dos bandos principales que se disputaban el poder político en Chile. En su origen, la palabra "pipiolo" remite a una persona inexperta. En el contexto de la lucha política de la época, se la usaba despectivamente para enrostrar "falta" de linaje, recursos o relaciones. Los pipiolos intentaron establecer un Estado liberal, democrático y federal. La palabra "pelucón", por su parte, está asociada a la pertenencia a la aristocracia y a la defensa de las instituciones tradicionales. Vía revolución armada, los pelucones llegaron al poder en 1829 y, desde allí, sentaron las bases del Estado Portaliano. Los pipiolos habrían dado origen más tarde a los liberales, mientras los pelucones serían los antepasados de conservadores y Montt-Varistas. Como se verá, este artículo usará estos conceptos a partir de una precisa y personal reconfiguración.

108 Al momento de proponer esta dicotomía entre pipiolos y pelucones, no he podido dejar de recordar la forma en que Jacques Maritain, hace 49 años, y en relación al pueblo cristiano, criticaba como dos extremos peligrosos a los que llamaba, por un lado, "Borregos de Panurgo" (extremistas de izquierda) y a los que denominaba, por otra parte, "Rumiantes de la Santa Alianza" (extremistas de derecha). Explicando la diferencia, Maritain señalaba: "[los "Borregos de Panurgo"] son fideístas, modernistas y todo lo que se quiera para estar al día (...) en materia política y social su instinto les empuja hacia la buena doctrina que echarán a perder en mayor o menor grado. Con los grandes rumiantes ocurre al revés". En cuanto a su propia postura, Maritain expresaba: "Yo me mantengo lo más alejado que puedo de unos y otros, pero es muy natural (aunque no muy divertido) que me sienta menos lejos de los primeros cuando se trata de cosas que son del César y menos lejos de los segundos (¡qué le vamos a hacer!) cuando se trata de cosas que son de Dios". Desarrollando un poco más esta clasificación Maritain agrega: "Hay que reconocer, además, que el celo de los unos y de los otros al servicio de la pura verdad no está en primer plano. Lo que impresiona a los Rumiantes de la Santa Alianza son ante todo las alarmas de la Prudencia; obstaculizar el camino a los peligros que amenazan, cerrar puertas, levantar diques. Lo que impresiona a los Borregos de Panurgo es ante todo el respeto humano: obrar como todo el mundo, al menos como todas las personas que no son fósiles". Concluye Maritain sobre esta disyuntiva: "Los dos extremismos cuyos arquetipos acaban de proporcionarme ocasión para bromear un tanto pesadamente no caracterizan a lo sumo sino a dos minorías, aunque los Borregos sean por el momento notoriamente más numerosos que los grandes Rumiantes,

El *pipiolo*, y en esto calza con buena parte de la izquierda, tiene arraigadas, y radicales, convicciones democráticas, antioligárquicas y anticapitalistas. A diferencia de la izquierda socialista o socialdemócrata, sin embargo, el *pipiolo* es revolucionario, fundacional, iliberal y basista. A diferencia de la izquierda comunista es utópico, anarquizante y *movimientista*. El *pipiolo* se emociona con los "indignados" y tiende a simpatizar con las democracias plebiscitarias de Chávez y Correa. Sus intelectuales de cabecera son, probablemente, Slavoj Zizek y Gabriel Salazar.

El *pelucón*, a su vez, es parte de la derecha en cuanto concede altísimo valor al orden público, la unidad nacional y el libre ejercicio de las libertades económicas. En contraste con el liberal, sin embargo, el *pelucón* es tradicionalista y autoritario. A diferencia del conservador *à la Burke*, el *pelucón* se cierra a las reformas moderadas y no alberga ninguna confianza en la sensatez del común de los ciudadanos. En el fondo de su corazón es monárquico. Echa de menos a Pinochet. Su héroe es Portales y sus intelectuales de cabecera podrían ser Gonzalo Fernández de la Mora y Bernardino Bravo.

Hechas las presentaciones de rigor, procedamos a revisar las once tesis constitucionales de *pipiolos* y *pelucones*[109].

El discurso constitucional *pipiolo* sustenta las siguientes once tesis: 1) El Pueblo tiene el derecho natural e inalienable a gobernar y tiene, además, derecho a educación, salud, previsión, trabajo y vivienda. 2)

---

y puedan atribuirse una influencia más vasta, especialmente entre profesores eclesiásticos. La gran masa del pueblo permanece indiferente a los esfuerzos de estas minorías. Se siente desgraciada y turbada, porque siente que algo grande se prepara y que ella no sabe cómo participar en ello (...)". **Maritain, Jacques**: *"El Campesino del Garona"*, Colección Nuestro Tiempo, Desclée de Brouwer, Bilbao, 1967, pp. 56-57.

109   Esto de hablar de las "Once Tesis" no es terriblemente original. Fue hace 170 años, en 1845, que Carlos Marx escribió sus "Tesis sobre Feuerbach" (son 11). Engels publicó el texto, en versión editada, en 1888. Reconozcamos, por otra parte, que el esfuerzo por resumir un punto de vista, cualquier punto de vista, en once Tesis arriesga perder de vista las muchas sutilezas y honduras de planteamientos ricos, por lo demás, en análisis histórico, teórico, social y político. Mis disculpas anticipadas, entonces, a pipiolos y pelucones si el resumen de sus Tesis les parece demasiado simplista.

La historia del Chile republicano nos muestra a una elite social y económica que ha usurpado estos derechos del Pueblo, generando reglas e instituciones puestas al servicio de sus propios intereses egoístas. 3) La restauración de la democracia en 1990 se funda en un "pacto" entre los sectores políticos de centroizquierda y la derecha, cuyo objeto, y consecuencia, fue dejar intocados los privilegios de la elite. 4) La Constitución Política de 1980 tiene el efecto de blindar el poder de esa elite económica y social, impidiendo al Pueblo ejercer su derecho a gobernar y negando los derechos sociales. 5) El país sería, sin duda, un mejor país con una Nueva Constitución que reconozca rotundamente la soberanía y los derechos del Pueblo. 6) Existiendo, sin embargo, el "pacto" implícito anotado más arriba, ninguna de las reformas introducidas a la Constitución de 1980 ha rozado siquiera su núcleo antipopular y, por lo tanto, dicha Carta sigue siendo ilegítima. 7) Más allá de las trabas, "trampas", contenidas en la propia Constitución, las instituciones políticas clásicas del Estado chileno, Congreso Nacional y partidos políticos, capturadas como estarían por la elite, no producirán nunca los cambios reales que devuelvan el poder al Pueblo. 8) La idea de los acuerdos o consensos que incluyan a la derecha no haría otra cosa que reconocerle a ella un poder de veto que, objetivamente, sólo sirve para mantener intocado el *status quo*. 9) El Pueblo, que debe llevar adelante el cambio constitucional al margen de los partidos y el Congreso, no puede sentirse constreñido por las limitantes o condiciones procesales que impone el actual texto constitucional. 10) La movilización social tendrá la fuerza suficiente para doblegar la resistencia de la elite y sus aliados, *ergo*… 11) La única solución al problema constitucional consiste en la instalación de una Asamblea Constituyente con poderes plenos para instaurar una Constitución nueva que entierre el Estado subsidiario y elimine todas las reglas que protegen los privilegios de la elite. Cualquier otra alternativa constituiría un engaño, una claudicación y un fracaso.

El discurso constitucional *pelucón*, por su parte, se funda en las siguientes once Tesis básicas: 1) El progreso de Chile se juega, antes que nada, en nuestra capacidad de asegurar crecimiento económico. 2) El crecimiento económico, por su parte, requiere orden y estabilidad.

3) El orden y la estabilidad, más que de la existencia de constituciones o leyes buenas, dependen de la existencia de un pueblo virtuoso y de autoridades honestas, enérgicas y eficientes. 4) La demagogia, una enfermedad terrible que destruye la virtud del pueblo y produce autoridades deshonestas, indecisas e ineptas, es, por lo mismo, el peor enemigo del orden, la estabilidad y el progreso. 5) La propuesta de Nueva Constitución es demagógica, pues, amén de generar incertidumbre en quienes toman decisiones de inversión, alienta una inflación de las expectativas de un Pueblo al que se le convencerá que un cambio constitucional le permitirá, por sí mismo, lograr satisfacción de sus necesidades en materia de salud, educación, trabajo y vivienda. 6) Solo se justificaría pensar en un cambio constitucional profundo si el país se encontrara en una crisis total. 7) Los problemas reales que enfrenta el país, desaceleración económica, delincuencia, corrupción y desorden, que, graves como lo son, no alcanzan, en todo caso, a configurar una crisis total, no tienen su causa en el texto constitucional. 8) De hecho, las normas constitucionales de la Constitución de 1980 que impiden el abuso de las mayorías de turno y cautelan el derecho de propiedad han contribuido positivamente al progreso logrado entre 1987 y 2013. 9) Nada obsta, sin embargo, a que puedan hacerse ajustes o perfeccionamientos al texto constitucional. 10) Los cambios que haya que realizar deben discutirse y aprobarse en el Congreso, resultando inútil y peligroso generar instancias de participación popular más directa, *ergo…* 11) Las ideas de Nueva Constitución, proceso constituyente y Asamblea Constituyente, por el hecho de ser artificiales e innecesarias, por generar incertidumbre, por alentar expectativas irresponsables y por dañar las perspectivas de estabilidad y crecimiento económico, deben ser rechazadas absolutamente.

Explicadas, tan resumidamente, las visiones de *pipiolos* y *pelucones*, me animo, a continuación, a plantear mi propia posición.

Comparto las convicciones democráticas e igualitarias que sustenta nuestro *pipiolaje*. Coincido con este, además, en cuanto a varios aspectos del diagnóstico: me parece, en efecto, que nuestra patria arrastra, desde su origen, un desequilibrio oligárquico; creo, en efecto, que Chile requiere de una Nueva Constitución y me he convencido, finalmente, en cuanto a que el proceso constituyente no puede ser un simple ejercicio parlamentario. En perspectiva crítica, debo señalar que discrepo de su juicio descalificatorio del que yo considero el muy positivo proceso de la transición chilena post Pinochet. Más aún, me parece que el *pipiolo* tampoco le hace justicia a los importantes esfuerzos democratizadores del Frente Popular o de Frei Montalva. Me llaman la atención, negativamente, tanto su falta de sentido del realismo como su desdén a la legalidad formal. Rechazo, muy especialmente, su sectarismo (la idea de "chilenos buenos" en la izquierda y de "chilenos malos" en la derecha). En cuanto a los medios, la estrategia del *pipiolaje* me parece voluntarista y peligrosa. En cuanto a los contenidos, no puedo sumarme a un proyecto de Nueva Constitución que parte de cero, que abjura de la democracia representativa y que pretendería negar, o precarizar, desde la propia Carta Fundamental, las bases de una economía de mercado.

Mis diferencias con el *peluconaje* son aún más profundas. Lo considero poco republicano y profundamente antidemocrático. Su fascinación con los gobiernos fuertes, y por los "hombres fuertes", sean estos Portales, Ibáñez o Pinochet, siempre me parecerá preocupante. No puedo compartir una visión que, en el fondo, pretende que, con tal que su economía crezca a un 5% anual, nuestra patria puede seguir relegando a un segundo plano a sus pueblos originarios, a sus provincias, a los trabajadores y a las mujeres. Pienso que el *pelucón* no puede, o no quiere, ver los profundos cambios que experimenta una sociedad chilena cada vez más diversa y cosmopolita. Entendiendo que ni las leyes ni las constituciones pueden resolver mágicamente los problemas sociales, me parece que el *pelucón* se equivoca, sin embargo, cuando subestima la importancia de los cambios institucionales (bien hechos y a tiempo). ¿Hay algo que rescate de la visión *pelucona*? Sí, y más de algo. Adscribo a su valoración de las tradiciones nacionales, adhiero a su rechazo a las revoluciones, a las revueltas y a las refundaciones, coincido en que el orden público es un bien social fundamental y en que el ordenamiento jurídico debe brindar garantía efectiva al derecho de propiedad privada y, finalmente, comparto su desconfianza frente a los utopismos.

Republicanismo o reformismo democrático

Lo que corresponde a continuación es intentar presentar las que podrían ser las Tesis constitucionales del que hemos denominado *republicanismo* (o *reformismo democrático*). Hagamos, sí, primero una somera caracterización.

El *demócrata reformista* (o *republicano*) puede ser una persona de ideas socialistas, socialcristianas, liberales, socialdemócratas o conservadoras *à la Burke*. En ese sentido, al demócrata reformista se le puede encontrar en un amplio arco que va desde la derecha a la izquierda del espectro político nacional. Y si bien, por lo mismo, será habitual que estos demócratas reformistas asuman muy distintas posiciones en la política contingente, coincidirán, sin embargo, en las cuestiones fundamentales. Entienden que la democracia es el mejor sistema de gobierno posible (aunque, hay que decirlo, algunos han sido más expresivos en su cariño que otros), valoran positivamente lo que ha sido el proceso político chileno de los últimos 25 años y tienen claro que los problemas más importantes del país requieren de soluciones consensuadas y no impuestas por el 51%. Los que son más liberales aceptan, aunque sea a regañadientes, que debe haber algún tipo de política social. Los que son más socialistas han terminado por internalizar las bondades de las instituciones liberales de la democracia burguesa. Si bien leen a autores muy distintos y admiran a personajes contrapuestos, es seguro que, de haber tenido la posibilidad, preferirían haberse sacado una *selfie* con Mandela antes que con Bush o con Chávez.

El planteamiento constitucional del *reformismo democrático* puede sintetizarse en las siguientes once Tesis: 1) La decisión final sobre cómo se organiza nuestra convivencia política corresponde al Pueblo en su conjunto. 2) El pacto constitucional, en todo caso, y para contribuir al Bien Común, debe encarnar un auténtico acuerdo nacional que trascienda las fronteras entre gobierno y oposición. 3) La Constitución Política tiene tres cometidos principales: limitar el poder del Estado (Estado de Derecho), reconocer y tutelar los derechos de las personas (tanto los derechos liberales como los derechos sociales) y abrir cauces para el ejercicio de los derechos políticos. 4) La historia constitucional chilena tiene de dulce y de agraz, coexistiendo una tradición profundizadora de la democracia y poderes fácticos que defienden sus privilegios. 5) No hay que elegir entre democratización y mejoramiento de las condiciones materiales de vida, ambas deben ir de la mano. Y así como la existencia de instituciones políticas sanas y legítimas contribuye al crecimiento; el subdesarrollo económico, la pobreza y el desempleo son amenazas para la democracia. 6) La Constitución de 1980, impuesta desde arriba, con violencia y trampa, significó una ruptura con lo mejor de la tradición constitucional chilena. 7) Las sucesivas e importantes reformas a la Constitución de 1980 la expurgaron de sus componentes más nefastos y le confirieron la legitimidad básica de que carecía en su origen. 8) No obstante, subsisten en la Carta vigente contenidos que le impiden constituirse en *casa de todos*. 9) El proceso constituyente debe considerar un componente de participación popular directa. 10) El proceso constituyente no se puede saltar las reglas vigentes ni puede prescindir de las instituciones representativas (Congreso Nacional y partidos políticos). 11) La Nueva Constitución no puede ser el resultado del triunfo unilateral de un sector de la política contingente que impone su agenda, sino que debe reflejar un acuerdo muy amplio que se constituya en marco más legítimo donde poder seguir debatiendo y dirimiendo democráticamente nuestras diferencias.

A continuación, en los próximos dos acápites, quisiera detenerme en dos rasgos muy cruciales de la visión *demócrata reformista*: su valoración de los consensos y su disposición a respetar la legalidad.

La política, el conflicto, los consensos y la concordia

El demócrata reformista no ve ningún tipo de incompatibilidad entre la acción política y la concordia. No solo eso. Entiende que el bien de Chile necesita de ambas.

La acción política es aquella energía desplegada para impulsar las propias ideas sobre cómo debe ser vivida la vida en comunidad. Por concordia, a su vez, entiendo aquel clima cultural en que los que piensan distinto no sólo aceptan convivir pacíficamente (se toleran), sino que, además, se reconocen unos a otros como contradictores legítimos y, desde ese reconocimiento, tienen disposición a cooperar en crear condiciones de Bien Común.

Existen, sin embargo, quienes piensan que, en su esencia, la política es destructora de la paz y enemiga de la unidad nacional. Es el caso de los *pelucones*, que consideran que la política es estéril y/o peligrosa, y, por lo mismo, siempre andan buscando mecanismos para neutralizarla. Les encantaría reemplazarla definitivamente por el juicio de los expertos (los "técnicos") o por la voluntad del "hombre fuerte".

En las antípodas se encuentran aquellos, entre otros nuestros *pipiolos*, cuya idea de acción política consiste en una guerra, más o menos pacífica o más o menos violenta –según las circunstancias–, entre la forma de vida, más que las ideas, de dos grupos –el Pueblo (los buenos) y la elite (los malos)– cuyos intereses serían absolutamente excluyentes e inconciliables. Bajo esta mirada, y desde el momento en que se adopta la noción *schmittiana* de política (cuyo elemento propiamente característico es la distinción entre amigo y enemigo), los acuerdos, por borrar o difuminar esa distinción, constituyen una renuncia a la política (y una claudicación ética). Esta fue la inspiración del viejo slogan maximalista del "avanzar sin transar" y, en los tiempos que corren, se manifiesta en versión más *light* y posmoderna, pero no por eso menos intolerante.

Las dos visiones sintetizadas son erradas. Y lo son porque simplifican en demasía.

La política, entendida como algo distinto al *management*, supone, efectivamente, y necesariamente, una cierta dimensión de antagonismo. En la medida que uno entiende que en nuestras sociedades existen diferentes visiones y distintos intereses, los esfuerzos por organizar la vida en común de acuerdo a lo que uno considera justo –pues eso es la política–, no pueden sino generar disputa y tensión.

El hecho de reconocer que la política presenta un componente de conflicto, no debe llevar a considerarla una actividad nociva. Lejos de ser perjudicial, la política cumple un positivo papel ético. En efecto, la política provee bienes valiosos. Por una parte, y respecto del bien de los individuos que la practican, la política es un cauce para que ellos actualicen su específica potencialidad de razonamiento práctico. Por otro lado, y en cuanto al bien de la sociedad, la política constituye la única forma de encontrar solución pacífica a los conflictos entre personas libres e iguales.

Digamos algo más. La despolitización no le hace ningún favor a la democracia. Todo lo contrario. La vacía de contenido y la transforma en un juego de carismas o de *slogans*.

Que la política conlleve alguna dosis de conflicto no significa, sin embargo, que este sea su rasgo esencial o definitorio. Lo propio y esencial de la política, más bien, es que ella consiste en un esfuerzo por convencer al "otro", por medio de la palabra, sobre lo que es más justo para la comunidad. Es a partir de ese indispensable reconocimiento del otro, como parte de un nosotros que delibera sobre lo justo, entonces, que la existencia de áreas de acuerdo resulta un bien valioso[110].

Los acuerdos son, en efecto, positivos. Ellos van afianzando la concordia que, a su vez, es el clima de respeto que hace posible que todos tengan la oportunidad de ser escuchados. Dicho de otra manera, la concordia más que suprimir los desacuerdos, lo que hace es generar condiciones habilitantes para que todos, tanto los populares como los impopulares, puedan expresarse. La concordia no pugna con la regla de mayoría ni excluye la crítica[111].

---

110 Se advertirá que mi visión sobre lo político le debe más a Arendt que a Mouffe. De **Hannah Arendt**, véanse: *"La condición humana"*, Paidós, 9° Reimpresión, 2013; *"La promesa de la política"*, Paidós, España, 2008 y *"De la historia a la acción"*, Paidós, Buenos Aires, 2005. De Chantal **Mouffe, léanse**: *"El retorno de lo político"*, Paidós, 1999; *"La paradoja democrática"*, Gedisa, 2003 y *"En torno a lo político"*, Fondo de Cultura Económica, 2007.

111 En este sentido, la generación marcada por el doloroso quiebre de 1973 tiene que entender el hecho que los jóvenes sub 30 no hayan heredado su comprensible aversión al conflicto. Los jóvenes, por su parte, han de aprender que hasta la democracia más participativa se beneficia cuando los que piensan distinto tienen la capacidad de buscar, y encontrar, convergencias en los temas más importantes.

El punto es que cuando hablo de acuerdos no me estoy refiriendo a los negocios o arreglos tácticos a que pueden llegar las elites a efectos de preservar o mejorar posiciones de poder. Los mejores acuerdos son la culminación de un proceso de debate en que los que piensan distinto han podido participar en condiciones equitativas. De esa libre deliberación, y no del mero cálculo, es que surgen las coincidencias que permiten construir el acuerdo. A partir de esos consensos se va construyendo el clima de concordia.

Acabo de indicar que los mejores acuerdos son aquellos que se obtienen en condiciones de cierta simetría. Eso no significa, sin embargo, que uno deba despreciar los acuerdos que se logran en situaciones en que una de las partes goza de una posición institucional más ventajosa. En la medida que los consensos imperfectos contribuyen a reforzar las posibilidades futuras de la política y a alejar la posibilidad de la guerra, ellos también pueden merecer un juicio positivo.

Es sobre la base de lo anterior que un demócrata reformista valorará muchos de los acuerdos sobre los que se construyó en Chile la salida de la dictadura a fines de los 80 y, luego, el afianzamiento de la democracia. En la medida que las discusiones se hayan hecho de cara al Pueblo y los resultados fueran conducentes a generar más democracia, el hecho que Pinochet y la derecha hayan participado en la deliberación desde una posición reforzada por subsidios o enclaves injustos (inamovilidad del Comandante en Jefe, senadores designados, leyes de quórum supra-mayoritario, sistema electoral binominal, etc.), no alcanza a privar de valor al acuerdo respectivo. El hecho que el Pueblo los haya ratificado luego con su voto ratifica esta conclusión. Esa es la razón que permite apreciar positivamente, por ejemplo, las reformas constitucionales de 1989 y 2005, los acuerdos tributario y laboral de 1990 y la eliminación del sistema binominal en 2014.

Es precisamente desde los avances anteriores que hoy existen condiciones subjetivas y objetivas para impulsar un cambio institucional que, eliminando los vetos o enclaves injustos que aún subsisten, permita a futuro una deliberación más simétrica y, por lo mismo, acuerdos más perfectos.

Es desde esta perspectiva, en suma, que el demócrata reformista se anima a reivindicar, simultáneamente, la importancia de la auténtica deliberación política, incluyendo la dimensión de conflicto y lucha pacífica que ella conlleva, y el valor de los acuerdos entre los que piensan distinto.

Legitimidad y legalidad

El demócrata reformista no acepta que deba elegirse entre luchar por la <u>legitimidad</u> o respetar la <u>legalidad</u>, como si fueran opciones excluyentes.

Hay momentos, por supuesto, en que la contradicción entre legitimidad y legalidad es insalvable[112]. Es la situación que se planteó dramáticamente en Chile entre 1810 y 1818. Por un lado estaba la voluntad del Virrey del Perú, y luego del restituido Fernando VII, por conservar, tal cual, el orden *legal* del Antiguo Régimen colonial y por el otro estaba la decisión de buena parte de la aristocracia criolla por fundar un nuevo orden, revolucionario, anclado en bases que a ellos les parecían más *legítimas*. No había ninguna manera de conciliar ambas pretensiones.

El establecimiento de la Independencia de nuestra patria no significó que de un día para otro se instalara un sistema político plenamente democrático. Subsistirían por décadas, por siglos, muchas de las desigualdades que heredamos de la sociedad colonial. El propio desarrollo histórico fue sumando nuevas injusticias ("Pacificación de la Araucanía", "cuestión social"). Siempre existió, por tanto, un motivo para cuestionar críticamente la legitimidad de las instituciones estatales.

---

112 El tema que desarrollo brevemente a continuación tiene muchas aristas. Estoy consciente que apenas rozaré una de ellas. Debo indicar que, como iusnaturalista que soy, no tengo ningún complejo en declarar que, para mí, una ley extremadamente injusta, es, en un sentido muy importante, una no-ley; y, por lo mismo, no obliga en conciencia y autorizaría, en casos extremos, a que un tribunal la dejara de lado. **Zapata, Patricio**: *"Justicia Constitucional"*, Editorial Jurídica de Chile, 2008, pp. 320-322 y 351-358. De lo que vamos a hablar en este texto, sin embargo, es de cuál debiera ser la conducta política de un grupo reformista que se enfrenta a un ordenamiento jurídico que se considera ilegítimo, ya sea en su origen o en algunos de sus contenidos.

Siempre hubo, también, quién consideró que una determinada situación o estructura injusta no admitía ya una solución legal. Fue la razón por la cual se alzaron en armas De la Cruz en 1851, Lastarria en 1858, los congresistas en 1891, los militares jóvenes en 1924, los jóvenes nacistas en 1938, el MIR desde 1968, los militares, de nuevo, en 1973 y el Frente Patriótico Manuel Rodríguez en 1983.

Cada uno de los episodios recordados, y otros que podríamos mencionar, merece, por supuesto, un juicio *ad hoc*. Dependiendo de cuál sea el criterio de validez moral que utilicemos (por ejemplo, las categorías de Santo Tomás de Aquino para el Derecho de Rebelión), podríamos concluir que algunas de las revueltas o revoluciones anotadas fueron legítimas. Otras, en cambio, nos parecerán injustificadas, inútiles derramamientos de sangre o derechamente injustas.

El punto que quiero hacer es que el demócrata reformista, que conoce la historia reseñada y sabe de los dilemas que ella plantea, está convencido que en el contexto de una nación chilena independiente y frente a las injusticias, que las hay, lo mejor es luchar con las armas de la legalidad.

El *demócrata reformista* recordará los muchos progresos que alcanzó la patria cuando la lucha por la mayor legitimidad se hizo acatando, y de buena fe, las reglas legales vigentes (por ejemplo, los gobiernos de Pedro Aguirre Cerda y Eduardo Frei Montalva y el triunfo del NO en el plebiscito de 1988). Y más allá del juicio concreto que tenga sobre la praxis del gobierno de la Unidad Popular, recordará también la manera en que el presidente Allende insistió, hasta su último día, en el sentido que la Vía Chilena al Socialismo, con todo lo profundos que fueran los cambios sociales que ella suponía, se harían cumpliendo con la legalidad vigente.

Del mismo modo, el *demócrata reformista* recordará también todo lo mucho que debió sufrir Chile cuando alguno de los bandos de la disputa política, normalmente el más fuerte, decide golpear el tablero, acusando al otro de haber violado la ley. Vendrán a la mente, entonces, los recuerdos de nuestras tristes y terribles guerras civiles (la de 1829 cuando los *pelucones* acusan al Congreso de haber vulnerado el artículo 72 de la Carta de 1828, o la de 1891 cuando el Congreso acusa a Balmaceda de vulnerar el artículo 82 Nº 12 de la Constitución de 1833). No podrá olvidarse, en fin, de la masacre (pues no fue guerra civil) que sobrevino en 1973, después que fracasaron los diálogos por encausar institucionalmente las reformas que impulsaba el presidente Allende.

Era seguramente pensando en estas experiencias que el cardenal Raúl Silva Henríquez, cuando reflexionaba sobre "el alma de Chile", no solo aludió al amor por la libertad, sino que incluyó una referencia al respeto a la legalidad[113].

Asumir el deber de cumplir con la ley, especialmente cuando ella es injusta, impone, obviamente, un lastre al reformismo. A veces ese lastre parece demasiado pesado. A veces esas leyes son tan injustas que más parecen una trampa, un candado o un cerrojo. Muchas veces de lo que se trata es justamente de cambiar la misma ley que hace difícil su cambio (piénsese, por ejemplo, en la dificultad intrínseca consistente en convencer entre 1940 y 1958 a un Congreso elegido con cohecho masivo en la necesidad de establecer la Cédula Única o de convencer entre 1990 y 2015 a un Congreso elegido por sistema binominal de la necesidad de adoptar un sistema proporcional). El camino del reformismo se hará entonces lento y pedregoso. Y no será raro, en esos momentos, que algunos, en su desesperación y frustración, intentarán buscar algún atajo, subterfugio o resquicio que les permita superar el obstáculo.

El demócrata reformista, sin embargo, recordando todo lo que tiene que recordar, tendrá suficiente confianza en el Pueblo, y en sus propios recursos, como para seguir intentando, vía institucional (estoes, respetando las reglas vigentes), los cambios que la legitimidad demanda. El logro histórico de haber puesto fin al sistema electoral binominal debiera ser, en ese sentido, un antecedente importante para perseverar en el esfuerzo por articular constructivamente legitimidad y legalidad[114].

---

113 *"El Alma de Chile"*, Cieplan, 1986.

114 Sobre la reforma que, tras mucho esfuerzo, sustituyó el sistema electoral binominal por un sistema electoral proporcional, véase el capítulo VIII de este libro.

VI

El procedimiento:
¿cómo llevar adelante el proceso constituyente?

La que sigue a continuación es una discusión sobre el tema del procedimiento de cambio constitucional. Pensando, como pienso, que los mecanismos, por definición, son medios o instrumentos nacidos de una cierta teoría y puestos al servicio de una finalidad, la reflexión que sigue a continuación se funda en, y es coherente con, la que he denominado más arriba visión *demócrata reformista* o *republicana*.

El mecanismo

En cuanto al procedimiento que se ha de emplear para los efectos de avanzar hacia una Nueva Constitución, el programa presidencial de la candidatura de Michelle Bachelet planteó textualmente lo siguiente:

> "*Proceso Democrático:* La Nueva Constitución debe generarse en un contexto en que se escuchen todos los puntos de vista, se hagan presentes todos los intereses legítimos y se respeten los derechos de todos los sectores.
>
> *Proceso Institucional:* El logro de una Nueva Constitución exigirá de todas las autoridades instituidas una disposición a escuchar e interpretar la voluntad del pueblo. La Presidencia de la República y el Congreso Nacional deberán concordar criterios que permitan dar cauce constitucional y legal al proceso de cambio; y que

permitan la expresión de la real voluntad popular en el sentido de los cambios.

Proceso Participativo: La ciudadanía debe participar activamente en la discusión y aprobación de la Nueva Constitución. Para tal efecto, el proceso constituyente supone, de entrada, aprobar en el Parlamento aquellas reformas que permitan, precisamente, una deliberación que satisfaga esta condición".

El texto citado no daba lugar a ninguna confusión. En fidelidad a su mejor tradición, las fuerzas de centroizquierda ratificaban en ese documento su vocación reformista y no revolucionaria.

A algunos llamó la atención que el documento no se haya pronunciado expresamente ni a favor ni en contra de una Asamblea Constituyente. A mí, en lo personal, me pareció muy prudente que el programa no se haya comprometido, a fardo cerrado, con una determinada manera de generar el cambio constitucional. Lo que es relevante, creo yo, es que el programa se hizo cargo del hecho que el proceso constituyente no puede agotarse en una negociación entre cuatro dirigentes o la propuesta de cinco especialistas. De allí el énfasis en los componentes democráticos y participativos. El punto, en todo caso, es que la puesta en marcha de ese mecanismo deliberativo y ciudadano, llámese Asamblea, Convención o Comisión constituyente, debe construirse a partir del pleno respeto de las reglas institucionales vigentes, esto es, buscando en el Congreso Nacional la generación de acuerdos amplios que permitan reunir el quórum que demanda el artículo 127 de la Constitución Política y no por la vía de un plebiscito al que se convoca por un decreto que invoca unos pretendidos poderes implícitos, o residuales, del Presidente de la República[115].

---

115 Discrepamos, entonces, de la tesis según la cual el ordenamiento constitucional vigente, bien leído, le reconocería al Presidente de la República la facultad de convocar, vía potestad reglamentaria autónoma, y en la medida que cuente con la connivencia o tolerancia de los presidentes de ambas cámaras, a un plebiscito distinto de los contemplados en el texto expreso de la Carta Fundamental (Véase **Atria, Fernando**: *"La Constitución tramposa"*, LOM Ediciones, 2013). Más allá del hecho que, efectivamente, pareciera que la titularidad activa para requerir ante el Tribunal Constitucional en caso de convocatorias irregulares a plebiscitos estaría

El diseño de la estrategia de cambio constitucional supone, en efecto, un buen diagnóstico jurídico sobre el punto de partida[116]. En este sentido, no cabe sino reconocer que la Carta Fundamental hoy vigente contempla un único mecanismo para el cambio constitucional. Aparece recogido en el Capítulo XV de dicho texto. Su rasgo esencial es que para efectos de los cambios constitucionales más importantes, incluyendo uno que modifique el propio sistema de reforma, exige la voluntad concurrente del Presidente de la República **y** de los dos tercios de los diputados y senadores en ejercicio. Se trata, sin duda, de una condición muy exigente. Tan alto, agreguemos, que no ha

---

reservada a las mayorías de las Cámaras y no a una minoría de estas, no me parece que de ello pueda desprenderse que el Presidente de la República dispone del enorme poder político consistente en convocar a plebiscito cada vez que, contando con la venia de los titulares del Senado y de la Cámara, lo estime conveniente para resolver una crisis. Me resulta muy difícil aceptar que un poder tan relevante pueda estar situado en el terreno de lo residual implícito. No me parece coherente con la lógica del constitucionalismo, por lo demás, que los presidentes puedan, al margen de cualquier regla constitucional o legal previa, convocar a plebiscitos cuya oportunidad, contenido o efectos no se precisarían y, por ende, quedarían entregados a la prudencia del Primer Mandatario. Lo que no se puede hacer, en todo caso, es reconocer este inmenso poder especial al Presidente(a) que haría lo que nos gustaría que se haga y luego, más adelante, quejarnos amargamente si otro Presidente, el día de mañana, echa mano de esta misma teoría de los poderes residuales para sorprendernos con un plebiscito en que nos pregunte, el día que quiera, si aprobamos, por ejemplo, su reelección o la ampliación de su mandato (todo ello, por supuesto, invocando alguna crisis y apelando al "Pueblo").

El profesor Atria dedica más de 50 páginas del libro citado a intentar demostrar, como "conclusión irrefutable" que "la mejor interpretación de las reglas constitucionales implica que el Presidente puede, cuando a su juicio es necesario para solucionar un grave impasse constitucional y cuenta para ello con el respaldo de ambas cámaras, convocar a un plebiscito". He tratado de acercarme a su tesis, especialmente desde el momento que él advierte que solo quienes adopten "una perspectiva que asume un compromiso fundamental con la finalidad guzmaniana de neutralizar al pueblo" podrían decir que su interpretación es un resquicio o fraude a la Constitución. Tampoco me ha dejado indiferente, por supuesto, que el libro en cuestión me cite abundantemente, nueve veces, en apoyo de su tesis. No obstante lo anterior, me parece que las reflexiones del profesor Atria no alcanzan a refutar el clarísimo texto de la regla (no principio) del artículo 15 inciso segundo de la Carta Fundamental ("Solo podrá convocarse a votación popular para las elecciones y plebiscitos expresamente previstos en la Constitución").

116 **Correa, Jorge:** *"Procedimiento constituyente 'democrático, institucional y participativo': ¿Será posible?"*, en "Propuestas para una Nueva Constitución", Instituto Igualdad, Friedrich Ebert Stiftung, Facultad de Derecho de la Universidad de C*hile, 2015, pp. 55-60.

existido ninguna coalición política, en toda la historia política chilena moderna y contemporánea, que haya alcanzado, por sí sola, tal super-mayoría.

El dato duro del ya citado Capítulo XV, y su quórum de los dos tercios, es una verdadera piedra de toque. Mientras el *pelucón* se aferrará a él como una trinchera que le serviría para frenar todos las ofensivas reformistas, el *pipiolo*, que lo juzga también como un muro infranqueable, se volcará al esfuerzo intelectual y político de buscar maneras de romperlo o de pasarle por el lado, o por abajo.

El *demócrata reformista* se da cuenta, rápidamente, que, tal como está, el procedimiento contemplado en el Capítulo XV no da el ancho participativo que exige un proceso constituyente con <u>más legitimidad.</u> La conclusión es obvia: debe ser cambiado por otro, con una presencia más directa del Pueblo.

Durante 2014 y la primera mitad de 2015 el tema del mecanismo adquirió bastante centralidad. Se conocieron varios intentos por avanzar hacia un nuevo sistema de reforma constitucional por la vía de hacer cambios al actual texto sin tener que reunir los 2/3. Algunos plantearon la posibilidad de introducir un sistema de plebiscitos en el artículo 15 de la Carta Fundamental. Otros sostuvieron que la regla de los 2/3 solo aplicaba a los cambios específicos a ciertos capítulos, pero que, respecto de la sustitución total, debía recurrirse a la que consideran la regla general (los 3/5).

Hay que reconocer que estas nuevas propuestas de mecanismo representaban un avance en relación a la idea del decreto plebiscitario que criticamos en el pie de página 115. No obstante, y más allá de la buena fe y talento de los proponentes de tales estrategias de circunvalación de los 2/3, estas tesis interpretativas seguían tropezando con la Constitución (ya fuera que la leyéramos en forma literal o sistemática y finalista) y, además, resultaban ser prácticamente inviables.

Los 2/3 no son una exigencia que uno elija. Es un elemento institucional que existe, independientemente de gustos o disgustos. Por plantear esta postura se me reprochó falta de imaginación jurídica (y otras cosas peores). Creo que era injusto. Coincido absolutamente en la importancia que juega la imaginación en las tareas del abogado. En mi concepto, sin embargo, imaginación no es ensoñación voluntarista. La imaginación que realmente sirve, y se necesita, es aquella que encuentra, **dentro del ordenamiento jurídico**, soluciones **novedosas**, y **eficientes**, a problemas aparentemente insolubles.

Fue la propia Presidenta Bachelet la que terminó por zanjar la discusión del mecanismo. Lo hizo en discurso del 13 de Octubre de 2015. La fórmula anunciada tiene el mérito de haber conciliado de manera muy notable las dimensiones democrática, participativa e institucional. Se inscribe absolutamente en la visión demócrata reformista de la que hemos venido hablando. Dada su importancia, me parece conveniente reproducir a continuación, y textualmente, el discurso completo de la Presidenta de la República (en negritas aquello que incide en el mecanismo):

Queridos compatriotas:

Hoy estamos dando un paso fundamental para el destino de nuestro país. Estamos dando inicio al proceso que nos permitirá tener una nueva Constitución para Chile.

Quiero informarles cómo será este proceso, en el que todos y todas estamos invitados y en el que tenemos la responsabilidad de participar.

¿Por qué es tan importante que todos seamos parte de la elaboración de la nueva Constitución?

Porque una Constitución es la madre de las leyes de un país; es la que define los valores que nos rigen; lo que nos une como nación; el carácter de nuestra democracia; las reglas básicas de nuestra convivencia política y la que crea las bases jurídicas para hacer posible el progreso.

Por eso la Constitución debe ser el techo común de nuestra patria, que nos albergue a todos, nos proteja a todos y nos permita avanzar juntos.

Chile nació a la vida independiente buscando una Constitución que le permitiera afianzar su soberanía y realizar sus anhelos. Y así ha sido siempre en nuestra historia. Cuando cambia el país, sus ciudadanos y sus posibilidades de desarrollo, la sociedad ha buscado adecuar su Carta Fundamental. Esto es normal y es expresión de la madurez cívica de un pueblo.

La actual Constitución tuvo su origen en dictadura, no responde a las necesidades de nuestra época ni favorece a la democracia. Ella fue impuesta por unos pocos sobre la mayoría. Por eso nació sin legitimidad y no ha podido ser aceptada como propia por la ciudadanía.

Es cierto que desde el retorno de la democracia le hemos introducido cambios importantes, que han atenuado su carácter autoritario, pero aún tiene mecanismos que obstaculizan el pleno ejercicio de la democracia y que no pueden ser eliminados con nuevos intentos parciales.

Por eso, ha llegado el momento de cambiarla. Chile necesita una nueva y mejor Constitución, nacida en democracia y que exprese la voluntad popular. Una legítima y respetada por todos, que la conviertan en un motor de unidad nacional. Eso ha sido lo que consistentemente ha venido demandando la ciudadanía y es uno de los principales compromisos por el que fui elegida.

Ese es el compromiso que hoy empezamos a hacer realidad, y lo haremos como nos lo exige una obra de esta magnitud: con sentido de Estado y carácter republicano; con espacios reales de participación y diálogo entre todos los ciudadanos y ciudadanas, y dentro de los canales de nuestra institucionalidad.

Debemos basarnos en la solidez de nuestras tradiciones jurídicas y, al mismo tiempo, dar curso a nuestra capacidad de avanzar hacia una sociedad más abierta y moderna.

¿Cuáles son los principales pasos de este proceso?

En primer lugar, iniciaremos en los próximos días una etapa de educación cívica y constitucional, para que todos tengamos la información necesaria para involucrarnos activamente. Este primer momento durará hasta Marzo del próximo año.

A partir de Marzo del 2016, realizaremos un proceso ordenado de diálogos ciudadanos, donde todos puedan participar. Partiremos por las comunas, seguiremos por las provincias y regiones, para terminar con una síntesis a nivel nacional.

Y el resultado de estos diálogos serán las "Bases Ciudadanas para la Nueva Constitución", que me serán entregadas en Octubre del 2016.

Debemos estar seguros que este proceso participativo sea libre, transparente, sin distorsiones ni presiones de ningún tipo. Por eso nombraré en las próximas semanas un Consejo Ciudadano de Observadores que acompañe el proceso y dé garantías de transparencia y equidad.

Será un grupo de ciudadanos y ciudadanas de reconocido prestigio, que permita dar fe de la calidad del proceso.

Luego transformaremos las Bases Ciudadanas en un proyecto de nueva Constitución, que recoja lo mejor de la tradición constitucional chilena y que esté acorde con las obligaciones jurídicas que Chile ha contraído con el mundo.

A inicios del segundo semestre del 2017, presentaremos ante el Congreso de la República este proyecto de una nueva Constitución.

Sin embargo, no basta con tener un proceso participativo y un proyecto para que la nueva Constitución sea realidad, pues la actual Constitución no contempla mecanismos para elaborar una nueva Carta Fundamental.

Por eso necesitamos darle un cauce institucional dentro de nuestra actual legislación, para que sea viable.

Por eso, a fines del 2016 enviaremos al Congreso un proyecto de reforma de la actual Constitución para que, por dos tercios de sus miembros en ejercicio, establezca los procedimientos que hagan posible dictar una nueva Carta Fundamental.

En esta reforma, propondremos al actual Congreso que habilite al próximo para que sea él quien decida, de entre cuatro alternativas, el mecanismo de discusión del proyecto enviado por el Gobierno y las formas de aprobación de la nueva Constitución.

La primera alternativa es formar una Comisión Bicameral de Senadores y Diputados; la segunda, formar una Convención Constituyente mixta de parlamentarios y ciudadanos; la tercera es la convocatoria a una Asamblea Constituyente. También propondremos una cuarta alternativa, en la que el Congreso pueda convocar a un plebiscito, para que sea la ciudadanía la que decida entre las anteriores alternativas.

La decisión del mecanismo recaerá en el nuevo Parlamento elegido en el 2017, con el nuevo sistema electoral que aprobamos este año, con una nueva ley de partidos y una ley de financiamiento electoral. Es decir, dotado de mayor legitimidad, representatividad y transparencia.

Propondremos que esa decisión pueda tomarla el Congreso por una razonable mayoría de tres quintos.

Esta reforma constitucional es un paso necesario y de la mayor importancia. Ella abrirá, por fin, el camino que nos permita tener una Constitución verdaderamente de todos y para todos.

Por eso, esta reforma debe tener aceptación transversal y amplia mayoría; y darse a través del diálogo franco con las fuerzas políticas representadas en el Parlamento.

Confiamos que la ciudadanía aprobará con fuerza esta

propuesta y que todas las fuerzas políticas se abrirán de buena fe a este patriótico consenso.

La instancia constituyente que el próximo Congreso elija, deberá discutir el proyecto enviado por el Gobierno, fundado en las Bases Ciudadanas para una Nueva Constitución.

Finalmente, este proyecto, una vez sancionado por dicha instancia, deberá ser sometido a un plebiscito vinculante, para su ratificación por parte de los ciudadanos.

Compatriotas:

El proceso de elaboración de una nueva Constitución ya está en marcha. Partió del momento en que millones de chilenos y chilenas manifestaran en las urnas su voluntad de cambio.

Estamos convocándolos a todos ustedes a un ejercicio natural de la vida democrática y, por lo mismo, sabremos llevarla adelante sin alterar nuestra normalidad institucional, ni las vidas cotidianas de los chilenos y las chilenas.

Estamos todos convocados y haremos todo lo necesario para que nadie se sienta excluido. Por el contrario, daremos garantías para que todas las voces de Chile puedan expresarse y sean parte de un cambio que es necesario para consolidar un país más libre, más justo y que encamina a todos hacia un destino mejor.

¡Viva Chile!

Sería el actual Congreso Nacional, entonces, aquel que elegimos a fines de 2013, el llamado a dar su aprobación a un mecanismo de cambio constitucional más participativo que el que se contempla hoy. Y lo hará mediante el voto de 2/3 de los diputados y senadores en ejercicio. Mientras tanto, se iniciará un proceso de diálogos y cabildos ciudadanos sobre el problema constitucional. La aprobación del mecanismo nuevo, en el que se identifiquen con nitidez los procedimientos y los plazos, proporcionará el indispensable marco institucional que merece un ejercicio cívico en el que esperamos que participen millones de compatriotas.

La elección presidencial y parlamentaria de fines de 2017, por su parte, haría las veces de un verdadero plebiscito sobre la conveniencia o necesidad del cambio constitucional. Celebradas esas elecciones luego de un largo proceso de debate constitucional, con reglas más adecuadas de financiamiento de campañas y bajo un sistema electoral proporcional, los representantes que se elijan en ese momento tendrán toda la legitimidad para llevar adelante un proceso constituyente, en la medida, por supuesto, que el Pueblo le haya otorgado su voto a los candidatos comprometidos efectivamente con esta idea.

Instalado en Marzo de 2018 el nuevo Congreso Nacional, le correspondería, en base al nuevo mecanismo de reforma, elegir concretamente cuál sería el órgano encargado de preparar un proyecto de Nueva Constitución: Comisión Bicameral, Convención Constituyente o Asamblea Constituyente. El Congreso Nacional también podría, si le parece, entregar al Pueblo en plebiscito, la definición del mecanismo.

La fórmula que se ha explicado busca hacerse cargo del hecho que el proceso constituyente debe seguir una cierta secuencia lógica. Me parece, además, que ella logra articular de manera armónica la **participación directa del Pueblo** y la acción de las **instituciones de la democracia representativa**. La decisión presidencial viene a confirmar que no era ni necesario, ni bueno, elegir entre una u otra dimensión.

¿Talca?

En texto publicado en Octubre de 2015 he propuesto que la Asamblea, Convención o Comisión Constituyente sesione en la ciudad de Talca[117]. Esta propuesta tiene un sentido y puede ser conveniente reiterarlo.

---

117 **Zapata, Patricio:** *"La Constitución del Bicentenario. Once Tesis y una propuesta concreta"*, en "La solución constitucional", Claudio Fuentes y Alfredo Joignant (editores), Catalonia, Santiago de Chile, 2015, pp. 165-186.

Como se sabe, el proceso constituyente coincide temporalmente con el momento en que se cumplen 200 años desde que Chile proclamó solemnemente su Independencia. La efeméride no tiene, sin duda, la significación del aniversario del momento en que constituimos la primera Junta de Gobierno. No deja, sin embargo, de tener cierta importancia histórica.

La Declaración de Independencia se produjo en momentos dramáticos. Corría principios de febrero de 1818. Las tropas realistas organizadas para intentar una segunda Reconquista, encabezadas de nuevo por Mariano Osorio, han desembarcado en el sur y preparan su avance hacia la capital. Instalado en Talca, y en paralelo a los preparativos bélicos, O´Higgins resuelve que ha llegado el momento de declarar formalmente la Independencia. Él mismo se ocupa, personalmente, de hacer los últimos retoques al texto[118].

Sin perjuicio que el documento en cuestión está fechado a 1 de enero de 1818 en Concepción, su verdadero bautismo se produce el 12 de febrero de 1812. Ese día, en Talca, O´Higgins asiste a la jura pública de la Declaración.

Como puede apreciarse, nuestra Declaración de Independencia se firma en Talca. Al radicar el funcionamiento de la Convención Constituyente de 2018 en dicha localidad estaríamos recordando, entonces, dicha circunstancia. La idea de asociar a Talca con la futura tarea constituyente, sin embargo, se basa en muchas más razones[119].

La zona de Talca está emparentada con varios de los más notables juristas de nuestra historia. Permítaseme recordar solo a cuatro.

---

118 Talca tenía una especial significación para Bernardo O´Higgins. Había sido ahí, en casa del comerciante portugués Juan Pereira Albano, amigo de don Ambrosio O´Higgins, que el niño Bernardo había vivido entre los cuatro y los diez años. Será en esa misma casa que se firma la declaración. El lugar se conserva como Museo.

119 En el afán de despejar sospechas, aclaro que no tengo la más mínima relación familiar, profesional o económica con Talca. Las únicas veces que he estado ahí ha sido para ver a mi equipo, la Unión Española, jugar contra Rangers de Talca.

Juan Manuel Carrasco Albano (1834-1873), bisnieto del Juan Pereira Albano mencionado en pie de página más arriba. Aun cuando nacido en Santiago, Carrasco Albano, era hijo de talquino y talquina. Abogado notable, su "Comentario a la Constitución de 1833", el primer tratado nacional de nuestra disciplina se sigue leyendo con deleite y provecho.

Raúl Silva Henríquez (1907-1999), abogado de la Pontificia Universidad Católica, cardenal de la Iglesia Católica y valiente defensor de los Derechos Humanos, nació muy cerca de Talca (Villa Alegre).

Oriundo de Talca es también Rafael Retamal López (1906-1992). Abogado de la misma Pontificia Universidad Católica y que desde la Presidencia de la Corte Suprema, en plena dictadura de Pinochet, hizo un esfuerzo por manifestar cierta independencia de juicio frente a las tropelías de dicho gobierno.

El cuarto jurista talquino destacado es don Alejandro Silva Bascuñán (1910-2013). Egresado de la Pontificia Universidad Católica, maestro de cincuenta promociones y autor del Tratado más importante sobre la Constitución de 1925, don Alejandro es, en mi opinión, el constitucionalista más brillante del siglo 20.

La descrita es, por supuesto, solo una feliz coincidencia. No obstante, me parece lo suficientemente significativa como para llamar a Talca "tierra de la constitución y los derechos".

Existe, finalmente, otra razón para seleccionar Talca. Sería una forma concreta, y altamente simbólica, de manifestar la voluntad constituyente de superar la historia de asfixiante centralismo que nos caracteriza como república. Me doy cuenta que, bajo este predicamento, podría haber otras ciudades de provincia con iguales o mejores títulos (pienso, por ejemplo, en Concepción). Si me animo a candidatear a Talca, en todo caso, es porque, siendo una zona con identidad, orgullo y tradición ("Talca, Paris y Londres"), tengo la impresión que, sumando y restando, ha sido una de las regiones más postergadas del último siglo (teniendo, para estos efectos, la "mala suerte" de no ser ni zona extrema ni urbe muy populosa).

Tener una Constitución que lleve el apellido de una localidad distinta a la Capital tendría el plus adicional de instalarnos en la compañía de otros textos constitucionales clásicos a los que se les conoce, precisamente, por el nombre de la ciudad en que fueron elaborados. Recuérdese que los mexicanos redactaron su Constitución de 1917, en Santiago de Querétaro. Los alemanes, por su parte, hablan con orgullo de sus Constituciones de la Catedral de San Pablo en Francfurt (1849), de Weimar (1919) y de Bonn (1949). Berlín podrá haber recuperado su condición de ser la gran capital, pero las Cartas Fundamentales germanas llevan otro apellido. Y llegamos, finalmente, a la primera de las Constituciones escritas de la historia. Como todos sabemos no se llama la Constitución de Washington. Se llama Constitución de Filadelfia.

Por eso, y por qué no, que sea Talca la sede de la Convención, Asamblea o Comisión Constituyente. Que sea Talca el lugar desde el cual se elabora el proyecto de Nueva Constitución. El proyecto de la Constitución del Bicentenario republicano de Chile.

VII

Contenidos de la nueva Constitución

En este Capítulo quisiera plantear cuáles debieran ser, en mi opinión, los contenidos de una Nueva Constitución para Chile. O, dicho de una manera más precisa, este es el lugar en que, como ciudadano antes que como profesor de Derecho, me animo a identificar aquel conjunto de valores e instituciones que me gustaría ver incorporadas en la Nueva Constitución y por cuya defensa y promoción me movilizaré políticamente en los próximos años.

Comienzo planteando un conjunto de ideas sueltas, de carácter estrictamente personal.

Algunas ideas personales

Valorar lo bueno que existe

Quiero comenzar planteando que una Nueva Constitución no puede partir de cero. Es de toda lógica preservar aquellas instituciones y fórmulas que han demostrado ser útiles. Esta consideración no puede excluir, me parece, aquellas instituciones incorporadas por la propia Constitución de 1980 y que concitan un juicio positivo (pienso, por ejemplo, en el Recurso de Protección, el *ballotage* o segunda vuelta, la autonomía del Banco Central, el reforzamiento de la independencia del Poder Judicial, etc.).

Ni partisana ni mínima

Una Constitución **Casa de Todos** no puede ser un texto que entra en todo tipo de detalles o que desarrolla doctrinas completas. Debieran evitarse, por lo mismo, las definiciones o conceptos que tengan una carga ideológica muy domiciliada. Ello no significa, sin embargo, que yo adhiera a la idea de constituciones mínimas o meramente reglamentarias. Me parece importante que la Constitución, si ha de concitar lealtad, sepa reflejar las luchas y esperanzas concretas de las chilenas y chilenos cuyas vidas regirá. Reflejar esas aspiraciones no significa ofrecer respuesta fácil. Significa acompañar y facilitar las soluciones que solo nosotros, el Pueblo, estamos llamados a buscar y encontrar. En ese sentido, el minimalismo puede privar a la Constitución del necesario espesor político y cultural que ella necesita para cumplir su función.

La Dignidad de la persona como fundamento

A continuación, debo expresar mi convicción en el sentido que la Nueva Constitución debe fundarse en el valor de la Dignidad de la persona humana. Se trata de un concepto rico en implicancias y que captura, de manera nítida, el aprendizaje que como sociedad hemos hecho luego de vivir los horrores de un tiempo en que el Estado se ensañó brutalmente con quienes consideró sus enemigos. A diferencia de otros conceptos, el término "dignidad" puede ser sustentado por personas con diferentes adscripciones filosóficas[120].

Estado Social

Pienso que la Constitución debe definir al Estado chileno como un Estado Social. Esto no significa entronizar a nivel del pacto político una

---

120   Esa ha sido la experiencia de la República Federal Alemana y de Sudáfrica. Véanse: **Kommers, Donald** y **Miller, Russel**: *"The constitutional jurisprudence of the Federal Republic of Germany"*, Duke, 2012: **Cornell, Drucilla** (et al): *"The Dignity Jurisprudence of the constitutional court of South Africa"*, Fordham University Press, Dos Tomos, 2013.

determinada manera de entender las políticas públicas. Una Constitución que es **Casa de Todos** admite gobiernos con diferente sello (liberales, socialdemócratas, conservadores, socialcristianos, etc.). Estado Social no es, entonces, la traducción jurídica del Estado de Bienestar o Benefactor tal como existió entre 1930 y 1970[121]. El Estado Social es aquel que asume que el respeto debido a la Dignidad de la Persona exige no solo márgenes de libertad, sino que también niveles significativos de igualdad y fraternidad. Será fundamentalmente la propia política democrática, a través del instrumento legislativo, la que irá precisando la forma en que esas promesas se hacen realidad.

Equilibrio de poder

Debe moderarse muy drásticamente el carácter excesivo de nuestro presidencialismo. El resultado buscado no es un gobierno menos eficaz, sino uno que pueda llevar adelante su acción con un Congreso más fuerte y una ciudadanía más participativa.

Carácter pluricultural de la nación chilena

Considero esencial que la Nueva Constitución formule un reconocimiento expreso al carácter pluricultural de nuestra nación. El texto debe valorar expresamente la contribución de nuestros pueblos indígenas, asumiendo un compromiso a efectos de intentar remediar las groseras injusticias históricas de que han sido víctimas.

Descentralización política

Soy un ferviente partidario de la descentralización política. Lo he sido siempre. Creo indispensable avanzar hacia la existencia de regiones dotadas de sus propios gobiernos, liderados por presidente regionales

---

121   En el mismo sentido: **Cortina, Adela**: *"Ciudadanos del mundo"*, Alianza Editorial, Madrid, Primera reimpresión, 2013, p. 67.

elegidos democráticamente, y con recursos garantizados que les permitan llevar adelante sus competencias[122].

Que las mayorías puedan gobernar

Siendo razonable que las normas constitucionales que reconocen los derechos fundamentales y definen las estructuras básicas del Estado no puedan ser alteradas por mayorías simples; no se justifica, sin embargo, que exista un amplísimo dominio de materias contingentes y de desarrollo que requieran para su modificación el voto favorable de la mayoría absoluta o los 4/7 de los diputados y senadores. Por lo tanto, creo que, en principio, deben eliminarse las Leyes Orgánicas Constitucionales y revisarse drásticamente las leyes de quórum calificado.

Justicia constitucional

Soy partidario de la existencia de un Tribunal Constitucional[123]. Parece necesario, en todo caso, reformar su integración y hay que asegurar, además, que las nominaciones de sus miembros estén sujetas a escrutinio público y deliberación informada. Conviene revisar la forma en que funciona el control concreto y represivo de las normas vigentes. En cuanto al control preventivo eventual, creo que debe mantenerse, introduciendo, en todo caso, modificaciones que eviten un uso abusivo del mecanismo que invada la esfera de autonomía que, en materia de mérito político, corresponde a las decisiones democráticas del legislador.

Derechos sociales

Debe robustecerse el reconocimiento constitucional de los derechos a la educación, a la protección de la salud, a la seguridad social y a la

---

122   **Valenzuela, Esteban:** *"Descentralización Ya"*, RIL Editores, 2015.

123   Mis ideas sobre este punto pueden consultarse en mi libro *"Justicia Constitucional"*, editorial Jurídica de Chile, 2008.

protección del trabajo. Todos estos derechos deben estar tutelados, además, por la Acción de Protección.

Propiedad privada

Creo fundamental el reconocimiento constitucional eficaz del derecho de propiedad privada. Entendiendo que dicha garantía es importante a efectos de crear condiciones propicias para el ahorro, la inversión y el crecimiento económico, debo señalar que mi principal razón para proteger el derecho de propiedad es porque pienso que este, si está ampliamente difundido, contribuye a generar condiciones que permiten el ejercicio de las demás libertades y un desarrollo humano más pleno[124].

Iniciativa privada

No tengo complejos de ningún tipo en reconocer que pienso que la mejor manera de lograr crecimiento económico y equidad es a través de una Economía Social de Mercado. Por lo mismo, quiero que la Nueva Constitución siga reconociendo la libertad a los privados para desarrollar actividades económicas. Me gustaría, sí, una afirmación más nítida de la responsabilidad del Estado, a través de reglas y superintendencias, en el sentido de velar para que esa libertad no degenere en abuso.

Subsidiariedad y solidaridad

Finalmente, y en cuanto a la forma en que se deben coordinar la acción del Estado, las comunidades y las personas, sería partidario de incluir un reconocimiento expreso a los principios de subsidiariedad y solidaridad.

Permítaseme explicar esta posición.

---

124 Para esa defensa no puramente economicista del derecho de propiedad, véase: **Joaquín Barceló**: *"Acerca del Fundamento del derecho de propiedad"*, Estudios Públicos, Nº 52, 1993, pp.247-275.

Han transcurrido ya 30 años desde que, recién ingresado yo a la Facultad de Derecho, mi profesor de Derecho Político, el maestro Alejandro Silva Bascuñán, me dio a leer el "Hombre y el Estado" de Jacques Maritain. Muchas, y muy variadas, han sido, desde entonces, mis lecturas de Ciencia Política y Derecho Público. Durante este lapso, he tenido oportunidad de entusiasmarme, y luego –a veces– desentusiasmarme, con distintas teorías y autores. No deja de impresionarme, sin embargo, que cuando se trata de reflexionar sobre los primeros fundamentos de la disciplina a la que he dedicado mi vida –el Derecho Constitucional–, Maritain vuelve a aparecer, una y otra vez, como la voz más lúcida y más sabia. La que propone los pilares más sólidos.

A la hora de las definiciones, Maritain parte señalando que el Estado es algo distinto de la sociedad o cuerpo político. "El Estado –expresa– es solo aquella parte de la sociedad política que está especialmente concernida con mantener la ley, promover el bien común, resguardar el orden público y administrar los asuntos públicos. El Estado es una parte que se especializa en los intereses del todo. No es un hombre ni un conjunto de hombres; es un conjunto de instituciones combinada en la forma de una compleja máquina (…) no es sino una agencia a la que se le encomienda el uso del poder y la coerción, manejada por expertos o especialistas en el orden y el bienestar público. Un instrumento al servicio de la persona"[125].

Creo que Maritain apunta a una cuestión muy importante cuando enfatiza la diferencia entre el Estado, entendido como Estado-gobierno, y la sociedad o Nación. El sentido de la auténtica subsidiariedad, no de la versión neoliberal extrema, es, precisamente permitir una acción estatal eficaz que no asfixie o desplace a la sociedad. No es, entonces, la Subsidiariedad un llamado a la abstención, sino que un criterio para la acción **instrumental** del Estado[126].

---

125 **Maritain, Jacques:** *"Man and the State"*, Phoenix Books, The University of Chicago Press, 1951, pp. 12-13.

126 Véanse, por ejemplo, los acápites 57 y 58 de la Encíclica *Caritas in Veritate* (2009).

Ahora bien, la tarea del Bien Común es un desafío al que están llamadas todas las personas que conforman la sociedad política. Y cuando decimos "llamadas", queremos decir que todas las personas que integran esa comunidad tienen, desde su peculiaridad, el deber de concurrir con su aporte a la creación de las condiciones para la vida buena de todos. El hecho de que el Estado esté especialmente diseñado para contribuir a crear las condiciones del Bien Común no lo transforma en el único responsable de ese resultado. Las personas juegan un papel decisivo en la consecución del Bien Común.

El vínculo que une a todas las personas que integran la sociedad política, y que las hace a todas, y a cada una de ellas, corresponsables de lo que ocurre con la comunidad y con los demás, se llama solidaridad. Es el Principio de Solidaridad, entonces, el que se encuentra en la base del deber de satisfacer las distintas cargas públicas, reales y personales, que va imponiendo la convivencia social.

Propuesta de contenidos de la comunidad política a la que pertenezco

En las páginas que siguen reproduzco un documento en el que trabajamos durante el primer semestre de 2015 un grupo de 15 profesores de Derecho que militamos en el Partido Demócrata Cristiano[127]. Tuve el

---

127   En julio de 2014 la Junta Nacional del Partido Demócrata Cristiano (PDC) adoptó un acuerdo formal en el sentido de potenciar la discusión sobre los contenidos que debiera tener una Nueva Constitución. En cumplimiento de esa decisión, la Directiva Nacional del partido solicitó a la "Comisión Técnica Constitucional", que yo coordino, que emitiera un Informe abordando, precisamente, tales cuestiones de fondo. Entre septiembre de 2014 y agosto de 2015, y a efectos de preparar adecuadamente el Informe requerido, la referida Comisión Técnica celebró un total de seis reuniones plenarias. Este documento es el fruto del trabajo realizado. La que sigue, en orden alfabético, es la nómina de los 15 profesionales que, integrando la Comisión Técnica Constitucional, participaron en al menos una de las reuniones en las que se preparó este texto: Laura Albornoz, Jorge Correa, Javier Couso, Francisco Cumplido, Tomás Jordán, Zarko Luksic, Gutenberg Martínez, Humberto Nogueira, José Ignacio Núñez, Jorge Precht, Augusto Quintana, María Pía Silva, Esteban Szmulewicz, Claudio Troncoso y Patricio Zapata (Coordinador). El texto, entendido como un documento de trabajo, fue validado por la Directiva Nacional del PDC y el Consejo Nacional del PDC en agosto de 2015.

honor de coordinar este esfuerzo colectivo. He incluido este texto en el libro por una doble razón. En primer lugar, porque me siento plenamente identificado por las ideas que en este se contienen. En segundo término, por cuanto pienso que puede ser una contribución al debate constituyente.

LO QUE NOS UNE

Las ideas de la DC para una Nueva Constitución

"Lo que nos une es mucho más fuerte que lo que nos separa. Todos deseamos pan, respeto y alegría. Todos somos y nos sentimos chilenos, celosos de nuestra soberanía, acostumbrados a la libertad. Todos entendemos que en nuestra mesa común no puede haber privilegiados ni marginados. Todos queremos que esta tierra de todos la disfruten todos, con los mismos derechos y las mismas oportunidades. Todos anhelamos la paz. Diferimos, sí, en los caminos, en los métodos, en la velocidad para alcanzarla. Hay quienes quisieran dos aceleradores, mientras otros preferirían dos frenos. Pero todos nos sentimos en el mismo coche". Cardenal Raúl Silva Henríquez[128].

1. Una Constitución Política debe **unir**. La Constitución debe ser una **Casa Común** en la que podamos reunirnos todos aquellos que, siendo diferentes y pensando distinto sobre tantas cosas, compartimos, sin embargo, un mismo amor por nuestra patria.

2. La Constitución Política chilena vigente, pese al conjunto numerosísimo de reformas de que ha sido objeto en los

---

128 *"El Cardenal nos ha dicho. 1961/1982"*, Editorial Salesiana, Santiago de Chile, 1982, p. 98.

últimos 26 años, no ha logrado, sin embargo, llegar a constituirse en un instrumento que cumpla suficientemente con la descrita función unificadora. Este documento puede y debe ser perfeccionado para alcanzar una democracia más plena, profunda y apreciada.

3. Los democratacristianos venimos planteando hace tiempo la conveniencia de dotarnos, como país, de un nuevo **pacto constitucional**[129]. Esta postura deriva de nuestro histórico compromiso con la libertad y la justicia. Creemos estar representando, además, una aspiración social profunda y extendida.

4. Al momento de presentar nuestra posición queremos evitar concentrar el foco en el problema del "procedimiento". No se nos escapa, por supuesto, que los mecanismos son cruciales, no sólo porque de ellos depende la viabilidad del objetivo; sino que, además, por cuanto ellos también involucran definiciones sustantivas. Nos parece indispensable, sin embargo, avanzar hacia una discusión sobre los contenidos que debiera tener una Nueva Constitución. Así, quedará en claro que esta propuesta, lejos de ser una maniobra táctica o una moda pasajera, es una respuesta fundada a un problema real. El debate sobre los temas de fondo, servirá, también para ir identificando tanto las áreas en que existe acuerdo como las diferencias reales.

---

129 En relación a este punto, el V Congreso del PDC, celebrado en 2007, y bajo el título "Nueva Constitución", manifiesta: "126. El perfeccionamiento y la profundización de la democracia chilena requieren de mejores instituciones, mayor participación, descentralización del poder. Postulamos más y mejor democracia. En este contexto creemos necesario abordar un conjunto de cambios y reformas constitucionales que hacen indispensable una Nueva Constitución, todo esto en la idea de proceso. El procedimiento dependerá del proceso y la DC asume esto como tarea urgente y central, de socialización, sumatoria, articulación y logros".

5. Entendemos que la tesis de la necesidad del cambio constitucional despierta interrogantes y provoca inquietud en algunos. La existencia de tales aprehensiones no puede, sin embargo, transformarse en un pretexto para mantener intacto un *status quo* que no ayuda a prestigiar el sistema político y sus instituciones, ni puede ser razón para que el país se paralice en el inmovilismo. La DC, que por vocación y por historia, es una fuerza de cambio, no puede ceder a ese tipo de chantaje. Tenemos claro, en todo caso, que, precisamente porque los cambios políticos generan incertidumbre, quienes impulsamos tales reformas tenemos que hacerlo con máxima seriedad, gradualidad, cuando convenga y respeto por los derechos de las minorías, siempre.

6. En las páginas que siguen, la Democracia Cristiana quiere ofrecer a todas las chilenas y chilenos de buena voluntad su visión sobre el desafío constitucional que enfrenta Chile. Reconociéndonos herederos de una tradición política digna y exigente, no nos sentimos, sin embargo, portadores de verdades absolutas ni pretendemos dar cuenta de toda la rica diversidad de nuestra patria. Por lo mismo, estas líneas no buscan imponer nada a nadie. Ellas aspiran a ser, más bien, una contribución, leal y honesta, al debate que, entre todas y todos, deberemos llevar adelante en los próximos años[130].

---

130 Este documento es el fruto de una reflexión y un debate colectivo. Aun cuando los miembros de esta comunidad política compartimos un núcleo de valores, principios y experiencias, ello no obsta a que existan entre nosotros distintas maneras de apreciar los problemas constitucionales. Para efectos de la elaboración de este texto, en todo caso, se puso el acento en las convergencias. Por lo mismo, esta síntesis colegiada no puede dar cuenta de todos los matices y difícilmente interpretará en un 100% a algún determinado camarada. Tal como ocurre con las Constituciones, este tipo de esfuerzos no pueden, y no deben, tener domicilio estrecho (ni nombre y apellido).

¿Qué entendemos por constitución?

7. Los democratacristianos pensamos que la Constitución debe ser la expresión jurídica de un **pacto político** amplio que convoque a chilenas y chilenos de muy distintas posiciones políticas. En la medida que lo haga, ella servirá al propósito de afianzar instituciones políticas que despierten aprecio y credibilidad y, por esa vía, contribuirá a una sociedad más libre, justa y fraterna. Nos oponemos, por lo mismo, a las Constituciones sectarias, esto es, a aquellas que toman partido por la agenda concreta de alguno de los bandos de la política contingente.

8. Por la razón anotada, no estaríamos de acuerdo en reemplazar una Constitución a la que se acusa, con bastante fundamento, de estar teñida con los colores del neoliberalismo conservador por una Nueva Constitución que estuviera abanderizada, en cambio, con el programa específico del socialcristianismo o la socialdemocracia. O con cualquier otro.

9. Tampoco nos convence, sin embargo, en el otro extremo, la idea según la cual la Constitución deba ser completamente "neutra". Varias son las razones. En más de algún sentido, las pretendidas neutralidades son tanto o más ideológicas que los compromisos explícitos. En nuestra visión, la posibilidad del pleno desarrollo de las personas, de *todas* las personas, exige de la Carta Fundamental no solo el establecimiento de ciertas reglas procedimentales mínimas, sino que, además, el reconocimiento y garantía de algunas definiciones sustantivas esenciales.

10. Los democratacristianos pensamos que el pacto constitucional debe considerar, en simultáneo, las siguientes cuatro finalidades: organizar y limitar el poder estatal, garantizar efectivamente los derechos de las personas y las comunidades,

asegurar instituciones políticas representativas, responsivas y responsables, y, por ende, más legitimadas y abrir cauces eficaces a la participación política del Pueblo. La Nueva Constitución debe equilibrar armónicamente los cuatro propósitos descritos.

11. En términos de estructura, la práctica habitual es que las Constituciones tengan una parte **dogmática**, en la que, principalmente, se contiene el reconocimiento de los derechos fundamentales, y una parte **orgánica**, en la que se define la organización y atribuciones de los distintos poderes estatales. Ambas partes de la Constitución son importantes. Y así como las declaraciones de derechos, y su correspondiente sistema de garantías, constituyen para nosotros, humanistas cristianos, un aspecto muy central del régimen constitucional; ello no obsta a que advirtamos también la importancia de las definiciones orgánicas, aspecto, que, con acierto, un jurista argentino contemporáneo ha bautizado como la "sala de máquinas" de nuestras democracias[131].

12. No creemos, ni por un momento, que una Nueva, buena, o mejor, Constitución Política producirá automáticamente el efecto de resolver los problemas sociales que afectan a nuestra comunidad. Pensamos, sí, que una institucionalidad más legítima contribuye a un mejor funcionamiento del sistema político para alcanzar el Bien Común. Contra lo que piensan algunos, la preocupación por el problema constitucional no supone descuidar la satisfacción de las demandas por salud, empleo, educación y seguridad ciudadana. Se pueden, y se deben, hacer las dos cosas.

---

131 **Gargarella, Roberto:** *"La sala de máquinas de la Constitución"*, Katz Editores, Buenos Aires, 2014.

Un poco de historia

13. Nuestra posición de hoy frente al problema constitucional se funda en principios arraigados y es coherente con una tradición de lucha por la profundización de la democracia[132]. Por lo mismo, no debiera sorprender al que conozca la historia.

14. Ya en julio de 1978, los democratacristianos concurrimos a crear el Grupo de Estudios Constitucionales ("de los 24"). Desde ese espacio pluralista planteamos críticas al proyecto constitucional que elaboraba, entre cuatro paredes, la dictadura del General Pinochet[133]. Allí también se elaboraron

---

132　En el documento "Más y mejor democracia para todos" (suscrito por el PDC el 24 de julio de 2011) se recuerda que: "La DC ha sido siempre una fuerza democrática y democratizadora. Sus parlamentarios se opusieron a la ley maldita (1948). Un diputado suyo –Jorge Rogers– es el padre de la cédula única que puso fin al cohecho (1958). Frei Montalva promovió una profundización de la participación ciudadana y democrática que se expresó en las reformas constitucionales de 1970, incluyendo un verdadero sufragio universal. Durante la dictadura militar, los liderazgos más significativos del partido asumieron una posición de defensa de los derechos humanos y de lucha por la recuperación democrática. La DC, además, jugó un papel decisivo en la creación de espacios para pensar y discutir la redemocratización (Grupo de los 24, Acuerdo Nacional, CED, CIEPLAN, entre otros)".

133　Nos parece de toda justicia homenajear, a través de un reconocimiento expreso, a quienes dieron vida al "Grupo de los 24". Hoy no cuesta nada criticar la Constitución de 1980. En plena dictadura requería máximo coraje. Precisamente por tener esa valentía, varios de los miembros del "Grupo de los 24" sufrirían persecución y exilio. Pensando, especialmente, en informar a las nuevas generaciones, recordamos, entonces, a algunos de los miembros de esta esencial corporación. De los originales 24 miembros fundadores del Grupo, siete eran militantes de la Democracia Cristiana: Patricio Aylwin, Edgardo Boeninger, Fernando Castillo Velasco, Jaime Castillo Velasco, Ignacio González, Pedro Jesús Rodríguez y Alejandro Silva Bascuñán. Por el mundo radical y socialdemócrata firmaron René Abeliuk, Gonzalo Figueroa, Juan Agustín Figueroa, Eduardo Jara, Luis Fernando Luengo, Alberto Naudón, Raúl Rettig y Manuel Sanhueza. La derecha democrática estaba representada por Héctor Correa y Julio Subercaseaux. Socialistas fundadores del "Grupo de los 24" son Eduardo Long, Hugo Pereira y Ramón Silva Ulloa. Concurrieron también los intelectuales independientes Luis Izquierdo, Joaquín Luco, Víctor Santa Cruz y Sergio Villalobos. En el trabajo permanente del "Grupo de los 24" destacarían, además, entre otros, Francisco Cumplido, Jorge Mario Quinzio, Mario Verdugo, Patricio Chaparro, Ignacio Balbontín, Jorge Molina y Carlos Briones. Fueron Secretarios del "Grupo de los 24"

valiosas alternativas que hemos tenido a la vista a la hora de elaborar nuestras actuales propuestas[134].

15. Eduardo Frei Montalva, fundador y líder histórico principal de la Democracia Cristiana, fue quien encabezó el llamado a votar NO a la Constitución propuesta por la dictadura en el plebiscito viciado de 1980[135]. Y en la tarde del 27 de agosto de 1980, ante un Teatro Caupolicán repleto, en el que sería el único acto público disidente tolerado, Frei Montalva denunció con sólidos argumentos el carácter espurio del plebiscito, criticó con fundamentos el contenido autoritario del proyecto constitucional de la dictadura y planteó la necesidad de retornar a la tradición republicana de nuestra patria.

16. Los DC no necesitamos, entonces, que se nos recuerden los problemas de legitimidad de origen de la Constitución de 1980. Frei Montalva arriesgó su vida al condenar el proceso. Por denunciar el fraude, Jaime Castillo Velasco y Andrés Zaldívar sufrieron varios años de exilio y muchos de nuestros militantes una persecución injusta.

17. La Constitución de 1980 no solo tenía gravísimos defectos en cuanto a su origen. Los problemas de contenido no son menos importantes. Y así fueron denunciados, desde el principio, por los DC[136]. Mientras su articulado transitorio, que regiría

---

Humberto Nogueira, Jorge Correa, Hugo Cifuentes, Zarko Luksic, Andrés Aylwin y Francisco Tapia.

134 "Las propuestas democráticas del Grupo de los 24", Grupo de Estudios Constitucionales, Santiago, 1992.

135 Si decimos "viciado" es porque el plebiscito de 1980 se llevó adelante sin la existencia de registros electorales, sin un Tribunal Calificador de Elecciones independiente del gobierno, sin acceso a la televisión de la opción del NO y con represión violenta a los opositores, todas circunstancias que, objetivamente, restan validez al proceso.

136 Sobre este punto, no podemos dejar de recordar los siguientes pioneros textos críticos: **Francisco Cumplido**: *"Estado de Derecho en Chile"*, ICHEH, 1984) y **Genaro**

hasta 1989, establecía un régimen de estado de excepción que otorgaba poder omnímodo al dictador, suspendiendo como letra muerta los derechos que ella misma proclamaba, sus normas permanentes contemplaban un escuálido y desequilibrado catálogo de derechos, un Congreso anémico (en que un tercio del Senado lo integrarían designados), un rol garante impresentable de mandos militares virtualmente inamovibles incompatible con la noción de Pueblo soberano y la privación de la ciudadanía a quienes se atrevieran a propagar doctrinas marxistas.

18. Desde principios de 1983 el descontento ciudadano con la dictadura, intensificado por la situación de miseria, exclusión y desempleo que padecen millones de compatriotas, da paso a masivas movilizaciones pacíficas de protesta. El movimiento social y las fuerzas políticas opositoras denuncian las reglas constitucionales de transición contempladas en la Constitución de 1980 y demandan la inmediata renuncia del General Pinochet. Como lo sabemos, el dictador no estuvo dispuesto a imitar a O´Higgins y, por el contrario, aferrándose al poder, desató contra los disidentes la represión y el terrorismo de Estado.

19. En julio de 1984, y en la línea de impulsar una vía no-violenta para derrotar a la dictadura, Patricio Aylwin, otro de nuestros grandes líderes históricos, sostuvo públicamente que los opositores, sin renunciar a sus convicciones, y perseverando en la vía de la movilización social; no podían, sin embargo, dejar que su juicio sobre la ilegitimidad de la Constitución fuera obstáculo para los efectos de intentar un diálogo con las Fuerzas Armadas, y las fuerzas de derecha que apoyaban

Arriagada: *"El sistema político chileno"*, Colección Estudios Cieplan, Nº 15, Santiago, 1984, pp. 171-202).

la dictadura, que abriera caminos para un pronto y pacífico retorno a la democracia.

20. Algunos meses después, e inspirada también en el deseo de contribuir a una transición expedita y pacífica a la democracia, la Iglesia Católica chilena, por intermedio del cardenal Juan Francisco Fresno, inició una ronda de diálogos con dirigentes políticos de derecha, centro e izquierda. El proceso culminó en agosto de 1985 con la firma del Acuerdo Nacional, documento histórico en que personas tan distintas como Gabriel Valdés, Luis Maira, Francisco Bulnes y Andrés Allamand concordaron un conjunto de principios que debieran ser la base de un nuevo orden constitucional. Coincidieron también en la necesidad de acelerar el tránsito desde la dictadura hacia un gobierno de elección democrática. El General Pinochet y la UDI rechazaron de plano el Acuerdo Nacional.

21. La DC no se dejó confundir ni deprimir por la intransigencia de la dictadura. Frente a la alternativa de la violencia, el PDC levantó con fuerza una estrategia que combina la movilización social pacífica, el aprovechamiento de los espacios institucionales disponibles, la convergencia entre los distintos sectores de la oposición y la elaboración de un Programa alternativo. En base a esa definición se fue articulando la que sería la Concertación de Partidos por el NO.

22. El 5 de octubre de 1988 una gran mayoría del Pueblo chileno le dijo NO a la dictadura del General Pinochet. Reivindicamos el significado histórico de esta gesta. Contra el derrotismo y el escepticismo de tantos, el Pueblo de Chile tuvo confianza en su propia capacidad de organización y movilización. De nada sirvieron la publicidad apabullante y la campaña del terror. Sin odio, sin miedo y sin violencia, la nación chilena se reencontró con lo mejor de su tradición republicana y democrática.

23. A mediados de 1989 se plebiscitaron las 54 reformas constitucionales concordadas, tras difícil y accidentado diálogo, entre la Concertación, Renovación Nacional y la dictadura. Más allá del juicio que pueda hacerse sobre sí era posible o no, en ese momento, lograr más concesiones de parte de Pinochet, no dejaremos de valorar la eliminación del artículo 8° y la incorporación de la norma que recepciona expresamente los tratados sobre derechos humanos. Hay que anotar que el acuerdo fue apoyado por el 90% de los electores.

24. En 2005 se aprueba una importante reforma constitucional que, entre otras cosas, pone fin a los senadores designados y a la inamovilidad de los Comandantes en Jefe. Se eliminan, así, algunas de las disposiciones de la Constitución de 1980 que más pugnaban con el ideal normativo de la democracia.

25. Contra la expectativa de quienes impulsaron la reforma de 2005, ella no alcanzó, sin embargo, a producir una legitimación social plena y definitiva del texto constitucional. En 2007, y en el contexto de su V Congreso, nuestro partido planteará la conveniencia de profundizar el cambio constitucional. Para las elecciones presidenciales de 2009, nuestro candidato, Eduardo Frei Ruiz-Tagle planteó la necesidad de contar con una Nueva Constitución, misma tesis que defendieron otros dos candidatos, postulaciones que sumadas en su conjunto alcanzaron el 54% de los sufragios en la primera vuelta.

26. La demanda por una Nueva Constitución acumula fuerza durante el gobierno del presidente Piñera. Ni la instauración del sufragio voluntario ni la ley de Primarias, iniciativas en las que muchos cifraban grandes esperanzas, tuvieron algún efecto en apuntalar el deteriorado prestigio del sistema constitucional. La contumacia de la derecha en seguir oponiéndose a la eliminación del sistema binominal solo contribuía

a profundizar la crisis de aprecio por la institucionalidad política. Es en este contexto, que, en 2013, y con el 62% de los votos, la presidenta Bachelet triunfa con un programa que promete impulsar una Nueva Constitución.

¿Por qué una nueva constitución?

27. Personas sensatas y de buena voluntad han cuestionado públicamente la conveniencia o la necesidad de hablar de "Nueva Constitución". Dicen que basta y sobra con introducir algunos perfeccionamientos y ajustes puntuales. Para nosotros, que creemos en la idea del cambio integral, esas prevenciones merecen una respuesta clara y precisa. Esperamos haber demostrado ya, que la tesis del cambio constitucional no responde a un capricho coyuntural. Conviene, sin embargo, explicitar y profundizar las razones que justifican nuestra posición.

28. Destacamos críticamente, en primer término, el hecho que la Constitución vigente sigue expresando un alto grado de desconfianza en la aptitud del Pueblo para decidir sobre su destino. Eso se sigue traduciendo en una institucionalidad política anémica. El Congreso Nacional es débil. Los partidos políticos son sospechosos. La participación ciudadana directa inexistente.

29. La Constitución vigente aparece comprometida ideológicamente con uno de los sectores políticos en pugna. El reconocimiento timorato, y a regañadientes, de los derechos sociales genera un desequilibrio constitucional. La existencia de leyes supramayoritarias que le conceden poder de veto a los perdedores solo confirma que la Constitución no logra ser una **Casa Común**.

30. El orden constitucional vigente refleja un país muy distinto al Chile real. Para la Carta Fundamental no existen los pueblos originarios. El texto concentra poder en una sola autoridad. En esta Constitución las regiones siguen dependiendo de la capital. Las mujeres y los trabajadores no ven reconocidos debidamente sus derechos esenciales.

31. El hecho de no haberse producido un verdadero "momento constituyente" en el que hayamos podido discutir, entre todos, los contenidos del pacto constitucional ha impedido que este sea efectivamente apropiado, hecho suyo, por las nuevas generaciones.

32. En los párrafos anteriores hemos destacado algunas de las debilidades principales de la Carta Política vigente. Que ellas sean lo suficientemente importantes como para justificar el cambio constitucional, no debe llevar a desconocer, sin embargo, que el texto actual contiene muchas fórmulas y disposiciones que merecen preservarse y proyectarse. Algunas de estas normas valiosas son herencia de la larga historia constitucional de nuestra patria. Otras son novedades provechosas incorporadas en 1980 (por ejemplo, la segunda vuelta o *ballotage* para la elección presidencial y el Recurso de Protección). Existen, finalmente, esas muchas reglas positivas que resultan del esfuerzo reformista de los últimos 25 años (como el fortalecimiento del debido proceso penal y la consagración constitucional de los principios de probidad y transparencia de los actos de los órganos públicos).

33. Chile no se encuentra en una crisis constitucional total o terminal. Sus instituciones funcionan con aceptable regularidad. La Carta Constitucional vigente, con todos sus defectos, no ha impedido que Chile haya tenido paz y progreso en los últimos 25 años. Por eso, entre otras cosas, no se nos ocurriría que una Nueva Constitución significa partir de cero. Ella

contendrá necesariamente muchos e importantes elementos de continuidad.

34. El punto que queremos enfatizar, sin embargo, es que los problemas de desafección son graves. La distancia del ciudadano con su norma fundamental es demasiada. Un país no puede progresar si existe una parte significativa de su población alienada de las reglas básicas de la convivencia. Necesitamos más y mejor democracia. Las reglas de la actual Constitución no dan el ancho. No hay que esperar el colapso. Lo inteligente es actuar ahora.

La nueva Constitución que queremos

35. Si tuviéramos que resumir en una frase la esencia de nuestra propuesta constitucional, diríamos que ella busca que el Pueblo chileno se dote de un sistema institucional eficaz que, respecto de todas y todos los habitantes de nuestra Tierra, garantice y promueva de *mejor manera* las siguientes tres dimensiones: **Dignidad**, **Democracia** y **Derecho**.

Dignidad

36. La afirmación de la Dignidad de la Persona, esto es, el reconocimiento que el ser humano tiene, siempre y en todo contexto, el derecho inviolable a ser tratado con respeto, como un fin y no como un medio, debe ocupar un lugar muy central en la Nueva Constitución.

37. El reconocimiento constitucional del carácter inviolable de la dignidad humana constituye una forma de hacernos cargo, como comunidad, de la terrible experiencia chilena en materia de violaciones a los derechos humanos.

38. No creemos que sea necesario, ni conveniente, en todo caso, que la proclamación constitucional del valor de la dignidad humana vaya acompañada de mayores desarrollos o de explicaciones doctrinarias. Ella debe estar redactada en términos tales que pueda ser suscrita lealmente por personas que adhieren, legítimamente, a distintas filosofías o visiones[137].

39. Una de las muchas consecuencias de asumir en serio el valor de la dignidad de todas y de todos es que la Nueva Constitución debe contener una comprensión de nuestra nación que valore positivamente la existencia en su interior de distintas realidades étnicas. Por lo mismo, la Nueva Constitución, junto con afirmar la unidad indisoluble de la nación chilena, debe efectuar un reconocimiento explícito de su carácter **pluricultural**, destacando, especialmente, la existencia, y aporte esencial a la chilenidad, de los pueblos *aimara, quechua, atacameño, diaguita, kolla, rapa nui, mapuche, yagán* y *kawésqar*. No solo eso, el Estado chileno debe asumir el deber de respetar y promover las expresiones culturales de tales comunidades.

40. Del hecho que todas y todos tengamos dignidad se desprende que estamos investidos de un conjunto de derechos fundamentales (vida, libertades, igualdad, educación, salud, vivienda, propiedad, protección del trabajo, medio ambiente, etc.). La Nueva Constitución los reconocerá y, sin distinción, les brindará garantía judicial eficaz a todos ellos.

41. No somos partidarios, en todo caso, de una Constitución con hiperinflación de derechos; no porque seamos tacaños

---

137 En este sentido, observamos con simpatía el modo sobrio y directo con que la Ley Fundamental de la República Federal Alemana, desde 1949, y la Constitución de Sudáfrica, desde 1996, formulan esta declaración.

o timoratos en materia de reconocimiento de libertades e igualdades, sino porque, tomándonos muy en serio los derechos, no pensamos que todo y cualquier interés de grupo deba alcanzar dicho *status*. Una Constitución que eleva al nivel constitucional todo aquello que puede parecer deseable y positivo en un momento a una determinada mayoría, trivializa la noción de derecho fundamental y, desde el momento en que multiplica con ello los "indecidibles" y los "cotos vedados", se reduce ilegítimamente la esfera de asuntos que, por pertenecer a lo público del Pueblo, deben ser dejados a la deliberación democrática.

42. Nos oponemos, en consecuencia, a la posibilidad de transformar el debate constituyente en una competencia sobre quién propone más derechos. Pretender transformar la Constitución en un gigantesco árbol de Pascua donde cada chilena y chileno podría encontrar, finalmente, todo lo que ha estado buscando, pidiendo o soñando en las últimas décadas constituiría una falta de respeto a la inteligencia y patriotismo de la inmensa mayoría de nuestros compatriotas (que no asumen la actitud individualista de ver "cómo van en la parada") y, además, un tremendo acto de populismo irresponsable (despertando expectativas que los textos constitucionales no satisfacen por sí mismos).

43. La propia naturaleza de la persona humana constituye una primera fuente de la cual deducir la noción de derecho fundamental. De esta manera, proclamamos que los derechos fundamentales no son franquicias que el Estado concede graciosa o discrecionalmente a sus ciudadanos, sino que son exigencias que cualquier Estado que aspire a la legitimidad no puede sino reconocer, proteger y promover. El enunciado de temas que sigue a continuación no debe entenderse como exhaustivo. Se trata, más bien, de fijar posición sobre el

contenido de algunos de los derechos fundamentales sobre cuyo alcance existe cierta discusión.

44. La Nueva Constitución debe formular una adhesión explícita y enfática al Derecho Internacional de los derechos humanos. Es allí donde están contenidos los aprendizajes ante los horrores del totalitarismo y la guerra, los avances civilizatorios de la humanidad y las mejores esperanzas de los Pueblos del mundo. El Estado de Chile debe ratificar su voluntad inquebrantable de cumplir escrupulosamente con todos los compromisos asumidos en materia de Derechos Humanos. La Nueva Constitución debe proclamar solemnemente que ella asume como absolutamente vinculantes para todos los órganos del Estado las normas internacionales que comprometen a Chile, lo cual no sólo incluye a los tratados internacionales ratificados por Chile, y que se encuentren vigentes, sino que, también, al derecho internacional consuetudinario y los principios generales del derecho internacional.

45. **Derecho a la vida**

La Nueva Carta Fundamental debe afirmar con fuerza el deber del Estado, y de la comunidad, de proteger la vida de todas las personas. En consecuencia de lo anterior, la Nueva Constitución mandatará a la ley para que proteja la vida del que está por nacer y abolirá definitivamente la pena de muerte. Se proscribirá, además, expresamente la aplicación de la tortura, los tratos crueles, inhumanos o degradantes[138].

---

138 En relación a este punto, el V Congreso del Partido Demócrata Cristiano declaró: "3. Somos personalistas. Inspirados en la doctrina del humanismo cristiano afirmamos la dignidad de toda persona, lo que obliga al respeto por la vida desde el inicio hasta la muerte (...)". "4. Derecho a la Vida. Reconocemos la naturaleza espiritual y trascendente del ser humano, concebimos la vida como una identidad continua desde la fecundación hasta la muerte. La libertad e igualdad en dignidad y derechos con que nacen todos los seres humanos es compartida por los seres humanos que están por nacer. Por esto, defendemos su vida. El aborto es un atentado a la vida de cada ser humano". y "6. La defensa de la dignidad humana se expresa también

46. En conexión con el derecho a la vida, la Nueva Constitución debe contener una expresa y categórica condena a los crímenes de lesa humanidad, genocidio y de guerra y a la práctica de la tortura, afirmando el carácter imprescriptible e inamnistiable de dichos crímenes y declarando que su persecución y castigo es un asunto que interesa y concierne a la comunidad internacional en su conjunto.

47. Por negar directamente los principios intransables recordados recién, la Nueva Constitución, en el nombre del Pueblo de Chile, debe declarar que el Decreto Ley de Amnistía Nº 2191 de 1978 no ha podido ni puede ser aplicado para liberar de su responsabilidad a los culpables de haber violado los derechos humanos durante la dictadura.

48. La Nueva Constitución debe afirmar con especial énfasis el valor de la **igualdad**, entendida no solo como la proscripción de todo tipo de diferencias arbitrarias, sean fruto de la acción pública o privada, sino que también como un mandato para que el Estado emprenda planes y políticas para erradicar las situaciones que permiten o facilitan la discriminación. A los DC nos preocupa muy especialmente la situación estructural de inequidad que existe entre hombres y mujeres en Chile. Por lo anterior, la Nueva Constitución debe autorizar expresamente la adopción de políticas de acción afirmativa que promuevan eficazmente la igualdad de género.

49. La Nueva Constitución debe robustecer el reconocimiento a la **libertad de expresión**, declarando expresamente que ella se garantiza tanto por el valor que tiene para el libre desenvolvimiento de la personalidad como por su importancia para el funcionamiento del régimen democrático. En un

---

en nuestra defensa irrestricta de los derechos humanos y la condena a la pena de muerte (...)".

mundo cada vez más interconectado y marcado por el impacto de los medios de comunicación y la tecnología digital, la Nueva Constitución deberá prestar especial atención a la protección de los **derechos a la honra y a la vida privada**, incorporando asimismo el reconocimiento a los derechos a la propia imagen y a la autodeterminación informativa.

50. La libertad religiosa

La Nueva Constitución debe reconocer de manera categórica el derecho de toda persona a la libertad religiosa. Del mismo modo, debe valorarse la contribución que **las distintas confesiones religiosas hacen al Bien Común**, garantizándose siempre su libertad para realizar actos de difusión y culto. El Estado debe asumir su carácter laico, siéndole vedado privilegiar la acción de una determinada confesión por sobre otra. Se respetarán, en todo caso, las situaciones jurídicas ya consolidadas de las Iglesias que gozan de personalidad jurídica de Derecho Público.

51. Derecho de propiedad (I)

Los democratacristianos consideramos que el derecho de propiedad es un derecho fundamental que debe recibir protección robusta en la Nueva Constitución. Se trata de una libertad valiosa. Primero, y principalmente, porque garantiza espacios de seguridad y autonomía para que las personas puedan llevar adelante sus planes y proyectos sin que dependan para ello del visto bueno del Estado. La experiencia histórica demuestra que allí donde no hay respeto por el derecho de propiedad, las que podríamos llamar libertades inmateriales (de expresión o de asociación) quedan más expuestas a la acción represiva de gobiernos y Estados. La tutela del derecho de propiedad privada es importante, también, porque crea condiciones propicias para el ahorro, la inversión y el emprendimiento, todos elementos esenciales para que se produzca el desarrollo económico. La protección de la propiedad privada se extiende a la propiedad comunitaria y a las formas de propiedad propias de nuestros pueblos originarios.

52. Derecho de propiedad (II)

En la línea del reconocimiento y amparo eficaz del derecho de dominio, la Nueva Constitución establecerá que nadie podrá sufrir privación de su propiedad sino es en virtud de una ley de expropiación que lo autorice y siempre dejando a salvo el derecho del dueño a una indemnización que cubra todo el daño patrimonial efectivamente causado. El afectado podrá discutir siempre el monto de la compensación ante los tribunales ordinarios y tendrá derecho a que el total de la indemnización se le pague al contado antes de que deba abandonar la propiedad.

53. Derecho de propiedad (III)

El derecho de propiedad no es solo un título para que el dueño aproveche libremente de su bien. Este derecho fundamental importa también, y al mismo tiempo, una intrínseca función social, es decir, un conjunto de cargas y deberes que, sin afectar la esencia del dominio, el propietario debe soportar a efectos de conciliar su libertad individual para con los intereses generales de la Nación, la seguridad del país, la utilidad y la salubridad públicas y la conservación del patrimonio ambiental[139].

54. La Nueva Constitución reconocerá al contribuyente las garantías de **legalidad y justicia del tributo**. Del mismo

---

139 El concepto de función social del dominio, con raíces claras en la doctrina social de la Iglesia Católica, se incorporó en la Constitución de 1925 en virtud de la Reforma Constitucional contenida en la ley N° 16.615 patrocinada por el presidente Eduardo Frei Montalva (20 de enero de 1967).

modo, se reconocerá ampliamente la **libertad para desarrollar actividades económicas**. No nos parece conveniente, sin embargo, que sea la misma Constitución, en el Capítulo de los Derechos Fundamentales, la que establezca las bases de un Orden Público Económico que concibe al Estado empresario, o a la regulación económica, como un peligro para las libertades.

55. Entendemos que existen diversas formas de apreciar las bondades de la acción empresarial del Estado o sobre la intensidad que debe tener la regulación económica. Es nuestra opinión, sin embargo, que la definición de tales asuntos, opinables y contingentes, escapa a los márgenes de una Constitución que quiere ser efectivamente **Casa Común**.

56. Cuestión distinta, sin embargo, es que la Nueva Constitución, a nivel de principios, afirme que la acción del Estado está al servicio de las personas y las comunidades y que, por tanto, más que a sustituirlas, su acción debe ir en la dirección de la coordinación y la cooperación y que todos quienes integramos la comunidad nacional chilena estamos ligados por deberes recíprocos de ayuda, fundados en la solidaridad, de manera que el Estado puede, y a veces debe, realizar acciones de redistribución para apoyar a los sectores en desventaja.

57. Respondiendo al desarrollo histórico del país, y muy especialmente a las luchas y conquistas de trabajadores organizados, pobladores, estudiantes y campesinos, atendiendo, luego, a los compromisos internacionales libremente asumidos por nuestra Nación y considerando, finalmente, que el libre desenvolvimiento de la personalidad y la dignidad humana exigen la satisfacción fáctica de ciertas necesidades sociales, el Estado chileno debe declararse y asumirse como un **Estado Social y Democrático de Derecho**.

58. El carácter social del Estado chileno no prejuzga ni determina cuáles han de ser, en concreto, las prestaciones específicas a que tendrían derecho las personas ni tampoco confiere a los tribunales algún poder para configurarlas autónomamente. El principal destinatario de esta declaración es el legislador, el que, considerando cuáles son los recursos disponibles, y sobre la base de las definiciones y prioridades que resulten de la deliberación democrática, deberá arbitrar políticas que propendan al mayor cumplimiento posible de estos derechos sociales.

59. Todos los democratacristianos coincidimos en cuanto a que las personas tendrán siempre derecho a reclamar en sede judicial cuando la acción estatal que satisface un derecho social constituya una discriminación arbitraria o no sea el fruto de un proceso participativo en conformidad a la ley. Adicionalmente, algunos pensamos que los derechos sociales y, en general, los derechos de prestación asegurados en la Constitución o en tratados internacionales ratificados por Chile, importan sustancialmente una "obligación de hacer", esto es, de diseñar, aprobar o implementar políticas públicas con perspectiva de derechos que, en forma progresiva y de acuerdo a las capacidades financieras y técnicas del país, permitan al conjunto del país gozar de los referidos derechos. En este sentido, los derechos sociales serían actualmente exigibles ante los tribunales de justicia, a efectos que estos dispongan que la autoridad competente subsane las eventuales omisiones o mora que observa en el cumplimiento de las obligaciones que la Constitución o los tratados impongan al Estado de Chile. Otros, en cambio, y salvo en el caso de las dos hipótesis indicadas al inicio de este párrafo, somos partidarios de que no se puedan reclamar judicialmente estos derechos, pues ello representa el riesgo de favorecer desigualmente a aquellos que litigan, estableciendo discriminaciones arbitrarias a su favor; porque los

tribunales no tienen la capacidad de encaminar la política social del goce efectivo de este tipo de derechos; por razones de responsabilidad fiscal, y, finalmente, porque ello arriesga ostensiblemente debilitar a los órganos representativos y con ello, a la democracia.

60. Derecho a la educación y libertad de enseñanza (I)

Desde el punto de vista de quien la busca y la recibe, la educación es una necesidad. Sin el acceso a educación de calidad no será posible el libre desenvolvimiento de la personalidad. Por eso decimos muy enfáticamente que **la educación es un derecho fundamental**. Así debe reconocerlo la Nueva Constitución, imponiendo al Estado el deber de garantizar un sistema gratuito y de calidad para los niveles preescolar, primario y secundario.

61. Derecho a la educación y libertad de enseñanza (II)

Desde el punto de vista de la sociedad, la educación es la práctica social esencial que permite transmitir la información y los valores que, junto con dar identidad a la comunidad, le permitirá a esta aspirar a superar los desafíos que le toca enfrentar. De lo anterior se desprende, nos parece, que existen pocas cosas más constitutivas de una comunidad política que la educación. Es importante, por lo mismo, que la Constitución Política adopte ciertas definiciones básicas al respecto. No se trata, por supuesto, de entrar al detalle. Debe ser el legislador quien vaya definiendo, en función del desarrollo social y de la deliberación democrática de los ciudadanos, cuáles han de ser los contornos precisos del marco regulatorio del sistema educativo chileno.

62. Derecho a la educación y libertad de enseñanza (III)

Desde el punto de vista del llamado a impartirla, sea la madre, el padre o el maestro, la educación es un arte especialmente difícil, en el que el manejo y transferencia eficiente de información útil (*instrucción*) es menos importante que las dimensiones éticas y de inteligencia práctica que supone un proceso a través del cual, de modo respetuoso y crítico, se transmiten valores a seres libres (*educación* propiamente tal). Por lo mismo, resulta esencial que la comunidad reconozca y valore a quienes ejercen, y sustentan, el magisterio educativo, apoyando sus esfuerzos y respetando su libertad para elegir formas y contenidos[140].

63. Derecho a la educación y libertad de enseñanza (IV)

La Nueva Constitución debe reconocer la libertad de enseñanza como un derecho de autonomía moral, y no económico, y que abarca: a) la potestad de los padres, velando por el interés superior de los niños, de elegir el tipo de educación que tendrán sus hijos, b) la existencia de una pluralidad de proyectos educativos que, salvando los contenidos mínimos comunes que pueden exigirse en nombre del Bien Común, provean de opciones reales y de calidad a la ya anotada facultad de elegir de las familias y c) la libertad de cátedra de todas y todos quienes ejercen la docencia.

64. Derecho a la educación y libertad de enseñanza (V)

De lo que se ha venido señalando se desprende que la DC no concibe el derecho a la educación y a la libertad de enseñanza como bienes contradictorios. Esa es la razón por la cual la DC ha luchado siempre por ambas. Y si el gobierno de Frei Montalva impulsó la gran transformación que abrió la educación básica y media a las grandes mayorías de Chile, nuestro partido siempre ha defendido, y seguirá defendiendo, un modelo en que el Estado, lejos de arrogarse algún

---

140 En **Jacques Maritain**, *"La educación en la encrucijada"*, Biblioteca Palabra, Madrid, 2008.

monopolio docente, apoya activamente la existencia de una multiplicidad de proyectos educativos. Por lo mismo, pensamos que la Nueva Constitución debe realizar el carácter complementario, y mutuamente enriquecedor, del derecho a la educación y la libertad de enseñanza.

65. Derecho a la salud

La Nueva Constitución reconocerá a todas las personas el derecho a disfrutar del más alto nivel posible de salud física y mental. El Estado asume una responsabilidad preferente en la protección de este derecho y compromete que, en la medida de los recursos disponibles, las leyes de presupuesto de cada año considerarán una cantidad de dinero suficiente que permita sustentar una red de atención de salud de calidad que cubra todo el territorio del país.

66. Los derechos de los trabajadores

La Nueva Constitución debe reconocer la importancia que tiene el trabajo para el desarrollo de la persona. Y aun cuando el Estado no se encuentra en condiciones de asegurar siempre, y en todo momento, que toda persona que lo desee encontrará un empleo, sí puede, y debe, asumir el compromiso de garantizar **el derecho a la protección del trabajo**, haciendo todo lo que esté a su alcance para que exista trabajo suficiente, con remuneraciones justas, con protección frente al despido injusto, con derecho al descanso y, en términos generales, en condiciones dignas.

67. La Nueva Constitución hará un reconocimiento positivo y amplio del **derecho fundamental de los trabajadores a organizarse**. Se reconocerá la libertad sindical, tanto en cuanto libertad para afiliarse o no, y para elegir sindicato, como en cuanto a libertad para que los trabajadores puedan conformar, sin trabas, sindicatos fuertes y que estos puedan

llevar adelante, sin entorpecimiento, sus tareas propias. La Nueva Constitución, en todo caso, autorizará la colegiatura obligatoria para velar por la ética profesional. La Nueva Constitución valorará explícitamente la negociación colectiva y el derecho a huelga.

68. La Nueva Constitución debe reconocer **el derecho universal a la seguridad social** y, sin perjuicio de la libertad del legislador para configurar en concreto el sistema previsional, comprometerá al Estado a garantizar a todas las personas, a través de la solidaridad, el acceso a pensiones mínimas de vejez e invalidez suficientes para una subsistencia digna, hayan hecho o no contribuciones o ahorros[141]. Corresponderá a la ley establecer cobertura para las contingencias de maternidad, enfermedad y cesantía.

69. Se reconocerán el **derecho fundamental de todas las personas a vivir en un medio ambiente adecuado** y el **derecho fundamental a la protección de la naturaleza**. Corresponderá a la ley identificar las bases a partir de las cuales se definen los umbrales máximos de contaminación tolerada (normas de emisión y normas de calidad), así como el enunciado de lugares, recursos y especies protegidas. Existirán acciones judiciales eficaces para tutelar estos derechos. El Estado de Chile se compromete a impulsar y apoyar acciones internacionales colectivas que contribuyan a enfrentar los fenómenos globales de deterioro del planeta, nuestra **casa común grande**[142].

70. La Nueva Constitución debe ser explícita en cuanto a que el reconocimiento de los derechos fundamentales no solo

---

141 De la Moción de Reforma Constitucional Boletín 5087-07 patrocinada en 2008 por la senadora democratacristiana Soledad Alvear.

142 Sobre la necesidad de actuar con energía en esta dirección, véase del papa Francisco la Carta Encíclica *Laudato Si*, del 24 de mayo de 2015.

alcanza a los chilenos sino que a todas las personas que viven en el país. En ese sentido, postulamos una especial referencia al deber del Estado de velar por los **derechos fundamentales de los inmigrantes**. Lo anterior no obsta, por supuesto, a que Chile pueda, legítimamente, definir requisitos para el ingreso y la residencia de extranjeros.

71. Pensamos que la Nueva Constitución debe establecer que el **recurso o acción constitucional de protección** es instrumento idóneo para reclamar, de urgencia y en modo de tutela, contra actos u omisiones ilegales o arbitrarios que afecten a **cualquiera de los derechos fundamentales reconocidos en la Carta Fundamental, sin distinción ni doble estándar**. Esto no significa, en modo alguno, que las personas puedan concurrir a las cortes de apelaciones para exigir, en forma abstracta, una declaración sobre cuáles son las prestaciones justas que les concedería directamente la Constitución.

Democracia

72. La Nueva Constitución debe contener una declaración inequívoca en el sentido que la democracia es el único régimen político compatible con el pleno respeto a los derechos fundamentales y el único coherente, además, con las luchas y esperanzas históricas del Pueblo de Chile.

73. Los democratacristianos pensamos que la Nueva Constitución debe articular armoniosamente una **Democracia Representativa**, con órganos de representación robustos, equilibrados, responsables, transparentes y eficaces y la existencia, en simultáneo, de mecanismos que permitan participación directa de la ciudadanía.

74. La Nueva Constitución debe asegurar a todos los ciudadanos el libre e igualitario ejercicio de los derechos políticos, dentro del sistema democrático y republicano. Esto significa, entre otras cosas, garantizar el **derecho de elegir y el derecho a ser elegido**, el derecho a una **amplia publicidad y transparencia** de los actos públicos, el **derecho a reunirse pacíficamente** y el **derecho a participar** en la elaboración de proyectos normativos y políticas públicas, en la forma que la ley determine.

75. La democracia es un sistema de derechos pero también es un régimen de deberes. Chile necesita del aporte de todas sus hijas y de todos sus hijos. El tener que concurrir periódicamente a formar la voluntad política del Pueblo es una carga razonable que no violenta la libertad. La Nueva Constitución debe restituir el carácter de **deber** cívico del sufragio. Corresponderá a la ley determinar la forma concreta en que se regula esta obligación[143].

76. En claro contraste con lo que ocurre en la actual Carta Fundamental, la Nueva Constitución deberá valorar en términos positivos a los **partidos políticos**. Se les deberá reconocer como personas jurídicas de derecho público que se constituyen como asociaciones voluntarias de ciudadanos y a que a través de su doctrina y principios compartidos sobre el bien común tienen como finalidad contribuir de manera democrática a la formación de la voluntad política del Pueblo y participar en el gobierno del Estado.

77. La función pública de los partidos políticos no puede, ni debe, ser equiparada o sustituida por la acción de los gremios, asociaciones, organizaciones no gubernamentales o

---

143 Sobre este punto, cabe recordar que el V Congreso del PDC acordó lo siguiente: "133. Postulamos la inscripción automática y el voto obligatorio".

movimientos sociales. Sin establecer ningún tipo de monopolio, y respetando los derechos de aquellos ciudadanos que optan por la independencia, la Nueva Constitución debe apoyar la acción de los partidos políticos, asegurándoles espacios y recursos suficientes que les permitan cumplir su indispensable papel.

78. El reconocimiento de la función específica propia de los partidos políticos tiene que ir aparejado con la identificación del conjunto de deberes y responsabilidades que, impidiendo la captura o el abuso, aseguren que los partidos políticos sean, efectivamente, instrumentos del Bien Común y no camarillas al servicio de intereses personales o sectoriales. La Nueva Constitución debe identificar, entonces, la obligación de los partidos políticos de actuar con métodos democráticos, transparentes y participativos.

79. En lo que concierne al sistema de gobierno, los democratacristianos pensamos que la Nueva Constitución debe corregir la grave y peligrosa concentración de poder en la Presidencia de la República que, pese a los ajustes moderadores incorporados en 2005, sigue caracterizando a la Carta Fundamental vigente. Creemos que el proceso constituyente que se inaugura formalmente es el momento para que el país realice una discusión a fondo sobre este tópico.

    Es un tema que hemos discutido largamente. **Comprometemos un pronto texto en que daremos cuenta, en detalle, de las alternativas** y los factores que se encuentran en juego en esta materia. Mientras tanto, esbozamos dos fórmulas posibles.

80. La forma más directa de corregir el hiperpresidencialismo consiste en realizar derechamente un cambio en el sistema de gobierno, instaurando en Chile un **régimen semipresidencial**

que asigne a personas distintas las funciones de Jefe de Estado (un Presidente elegido en forma directa, por un período fijo, con atribuciones ligadas a la política exterior, la defensa nacional y el respeto del orden institucional y que no requiere de la confianza del Congreso para ejercer su cargo) y Jefe de Gobierno (un Primer Ministro que desempeña las funciones propiamente gubernativas mientras cuente con la confianza de la Cámara política)[144].

81. La otra alternativa al hiperpresidencialismo que tenemos consiste en el fortalecimiento significativo de la capacidad institucional del Congreso Nacional, dando paso, entonces, a un **presidencialismo más equilibrado.**

82. Ahora bien, y sea cual sea la decisión que se adopte en materia de sistema de gobierno, pensamos que la Nueva Constitución debe asegurar **el gobierno efectivo de las mayorías ciudadanas.** En este sentido, no podemos sino valorar la reciente reforma legal que pone fin a un sistema electoral binominal que tenía el efecto de subsidiar a quienes resultaban segundos en las elecciones y lo reemplaza por un sistema electoral proporcional moderado, que junto con permitir la expresión de minorías significativas, asegura también la expresión nítida de las mayorías. Subsiste en la Constitución, sin embargo, un mecanismo que otorga poder de veto desmesurado a las minorías y no, como sería quizás comprensible, respecto de asuntos esenciales; sino que sobre un vastísimo conjunto de materias contingentes y opinables. Nos referimos, por supuesto, a las **leyes de quórum supramayoritario.**

83. Sabemos que la democracia es gobierno de las mayorías con respeto a las minorías. Esa es la razón por la cual defendemos

---

144 Sobre este punto, el V Congreso del Partido Demócrata Cristiano declaró: "135. Nos manifestamos partidarios de un sistema semipresidencial".

un conjunto de arreglos institucionales que tienen la finalidad precisa de salvaguardar los derechos de las minorías. Ese puede ser argumento, además, para que las definiciones principales de la Nueva Constitución en materia de derechos fundamentales estén guarnecidas por un quórum alto de reforma (por ejemplo, 3/5). Nada de lo anterior justifica, sin embargo, que para todas las cuestiones medianamente significativas se necesite, no la mayoría simple como debiera ser, sino la mayoría absoluta o los 4/7 de los diputados y senadores en ejercicio.

84. **Estas leyes supramayoritarias son un resabio y huella del temor que generaba la expresión democrática en los autores de la Constitución de 1980.** Es uno de los aspectos de democracia "protegida" que aún sobreviven. Los democratacristianos pensamos que **esta categoría de leyes debe desaparecer en la Nueva Constitución.** Si de lo que se trata es de identificar mecanismos de equilibrio y contrapeso, ello debe hacerse de un modo que no asfixie la representación de la política normal.

85. No descartamos, en todo caso, que pudieren haber dos o tres materias sub constitucionales, en que pudiere justificarse un quórum legal de mayoría absoluta de los diputados y senadores en ejercicio para su aprobación y reforma. Este podría ser el caso, por ejemplo, de las leyes que establecen el sistema electoral o que fijan el estatuto del Tribunal Constitucional.

86. La Nueva Constitución debe reconocer la importancia de las Fuerzas Armadas y de Orden. No se justifica, sin embargo, que siga teniendo rango constitucional un órgano como el Consejo de Seguridad Nacional. Aun cuando la reforma de 2005 depuró a esta institución de sus rasgos más inaceptables, la verdad es que sigue siendo otro de los resabios del que

fuera el espíritu original antidemocrático de la Constitución de 1980.

87. No vemos incompatibilidad entre un sistema representativo con instituciones sólidas y mecanismos de participación directa del Pueblo. La clave, por supuesto, es que exista una arquitectura armónica que integre y coordine ambas expresiones democráticas. No solo eso. Pensamos que la acción directa de los ciudadanos puede reforzar la legitimidad de las instituciones representativas.

88. Cuando postulamos mecanismos de democracia directa no estamos pensando, entonces, en la fórmula plebiscitaria que faculta a los presidentes de la República para proponer, cuando les parezca, distintas preguntas de política. Lejos de contribuir a profundizar la democracia, ese tipo de plebiscitos terminan siendo herramientas que aumentan, aún más, el enorme poder del que ya disponen, típicamente, los Jefes de Estado. No nos sorprende, entonces, que este tipo de plebiscito haya sido artilugio predilecto de dictadores y proto-dictadores, de ayer y de hoy.

89. Muy distinto es el juicio que nos merecen aquellos mecanismos participativos en que, desde la ciudadanía, se le plantea al Pueblo que manifieste su conformidad o disconformidad con una determinada actuación legislativa. Referéndum como estos, operativos en Uruguay e Italia, lejos de sustituir al Parlamento, tienen el efecto interesante de crear un nuevo espacio de interacción política entre representados y representantes. Respecto de esta, u otras fórmulas participativas, comprometemos un texto futuro que profundice esta idea.

90. Junto a su expresión nacional, la democracia debe irradiar a todos los espacios territoriales. Por lo mismo, la Nueva Constitución debe fortalecer el Municipio, garantizando la

existencia de facultades y recursos suficientes que permitan a la Administración Local un desempeño autónomo eficaz.

91. La DC rechaza el centralismo injusto y asfixiante de nuestro Estado. Nos proponemos impulsar una efectiva regionalización que implique descentralización política.

92. Cada una de las regiones del país debe contar con un gobierno regional que represente democráticamente los anhelos y los intereses de los chilenos del respectivo territorio. A la cabeza de dicho gobierno regional habrá una autoridad Ejecutiva elegida en forma directa por los ciudadanos de la región. El referido gobierno regional dispondrá de competencias claras, facultades necesarias y recursos suficientes. Comprometemos un texto futuro en que habremos de profundizar estas ideas[145].

Derecho

93. El Estado está al servicio de la persona humana y su finalidad es el Bien Común, para lo cual debe contribuir a crear un conjunto de condiciones que permitan su mayor realización espiritual y material. El **Estado de Derecho** es la condición institucional que permite a todas las personas vivir en tranquilidad, sabiendo que sus libertades no penden del arbitrio

---

145 Sobre esta materia, el V Congreso del Partido Demócrata Cristiano declara: "137. La descentralización y desconcentración administrativa debe darse en el marco del Estado Unitario, iniciando un proceso de descentralización política orientado por el principio de gradualidad para avanzar hacia un Estado Regional. Con este fin, proponemos: a) diferenciar y separar las competencias de la Administración Regional que corresponden al Gobierno Regional de las competencias de Gobierno que corresponden al Intendente; b) la elección directa de los Consejeros Regionales y del Presidente del gobierno regional, asumiendo este las facultades de los actuales Intendentes en tanto órganos ejecutivos del gobierno regional; c) este proceso debe ir junto a una política de descentralización fiscal, dotando a las Regiones del financiamiento necesario para cumplir con sus Objetivos de Desarrollo".

de un individuo o de una facción, sino que están garantizadas por **leyes generales e impersonales** y por **tribunales independientes e imparciales**.

94. El Estado de Derecho es una conquista civilizatoria de la humanidad. Todas las autoridades del Estado deben estar sujetas a un régimen de control, transparencia y responsabilidad. La Nueva Constitución debe consagrar el **Principio de Juridicidad** según el cual, ni aun a pretexto de circunstancias extraordinarias, puede autoridad alguna atribuirse poderes o facultades que no le hubieren sido atribuidos expresamente por la Constitución y las leyes. La Nueva Constitución, en todo caso, autorizará la celebración de tratados por los que se atribuya a una organización o institución internacional el ejercicio de competencias derivadas de la Constitución.

95. Los **Tribunales de Justicia** juegan un papel esencial en un Estado de Derecho. La Nueva Constitución debe garantizar la independencia externa e interna de los jueces. La tarea de los tribunales consiste en dar eficacia a las leyes. No corresponde que los jueces asuman la tarea de mejorar o corregir las leyes. El activismo judicial no es solución de nada; en el mejor de los casos es un síntoma del hecho que los demás poderes del Estado están fallando.

96. En la línea de realzar la majestad del Derecho y la sujeción debida a aquel por la fuerza, la Nueva Constitución debiera recuperar la norma de la de 1925 que declaraba: "Toda resolución que acordare el Presidente de la República, la Cámara de Diputados, el Senado o los Tribunales de Justicia, a presencia o requisición de un ejército, de un jefe al frente de fuerza armada o de alguna reunión del pueblo que, ya sea con armas o sin ellas, desobedeciere a las autoridades, es nula de derecho y no puede producir efecto alguno" (artículo 23).

97. La Administración del Estado debe sujetar su actuación a la Constitución y a las leyes dictadas conforme a ella. No se pude gobernar por decreto. Corresponderá a la Contraloría General de la República y a los tribunales contencioso administrativos que se crearán, asegurar a los ciudadanos que las autoridades gubernamentales no excedan su esfera de atribuciones.

98. El Tribunal Constitucional cumple una función importante al velar por la supremacía de la Constitución. Examinando su actual estructura y funciones identificamos una serie de problemas que deben ser corregidos. La Nueva Constitución revisará la integración del Tribunal Constitucional estableciendo un número impar de magistrados, evitando nombramientos que dependan exclusivamente de la voluntad presidencial y asegurando que el proceso de nominación considere un previo debate público de los méritos de los candidatos.

99. En lo que respecta al llamado control preventivo de las leyes, que ejerce el Tribunal Constitucional, nos preocupa que ello lo termine por transformar en una especie de "Tercera Cámara" que se involucre en definiciones que legítimamente corresponden a los órganos de representación ciudadana. Somos derechamente partidarios de eliminar el control preventivo obligatorio. En cuanto al control preventivo facultativo somos de la opinión que debe ser revisado. Algunos de nosotros lo suprimiríamos. Otros quisiéramos explorar alternativas consistentes en racionalizarlo, considerando opciones tales como limitar la oportunidad para deducirlo, exigir anuncio, dejarlo sólo para el control de aspectos ligados a la infracción de reglas, dándole a la sentencia respectiva un efecto distinto al actual o modificando la titularidad activa para interponer el requerimiento de inconstitucionalidad[146]. En relación al

---

146   En la actualidad, la Constitución Política reserva la titularidad de esta acción al

control represivo, finalmente, nos parece importante evaluar mecanismos que permitan una coordinación fluida entre el Tribunal Constitucional y la actuación de los tribunales ordinarios de justicia.

Al concluir

100. En los próximos meses nuestra patria dará inicio formal a un proceso de **discusión constituyente**. Debe ser un tiempo en el que volvamos a mirar nuestra **historia** para encontrar aprendizajes que nos sirvan a todos. Ha de ser, además, un momento para el **examen crítico** de nuestras instituciones actuales. Será necesario, también, que hagamos un esfuerzo por proyectarnos hacia el **futuro** que queremos para nosotros y nuestros hijos. Los democratacristianos queremos ser **sujetos activos de este tiempo nuevo**. Esperamos que este documento, que en el espíritu del cardenal Raúl Silva Henríquez –recordado en la primera página– busca rescatar **lo que nos une** como chilenos, contribuya a este proceso y sirva a la construcción de nuestra **Casa Común**.

En Santiago de Chile, a 10 de agosto de 2015.

Presidente de la República, a alguna de las Cámaras o a un cuarto de los diputados o senadores en ejercicio.

VIII

La gran reforma electoral de 2015: crucial paso previo al proceso constituyente

El más grande héroe chileno, el capitán de fragata Arturo Prat Chacón, fue abogado[147]. Y así, en paralelo al despliegue de una brillante carrera en la Armada, Prat debió cumplir con todas y cada una de las exigencias del estudio del Derecho. Llegado el momento de escoger un tema para su Memoria de Prueba, el joven marino desechó la opción obvia de abordar cuestiones relativas al derecho marítimo o la ordenanza naval y sorprendió a superiores y maestros redactando una Tesis en que analiza una muy polémica, y entonces reciente, ley política: la reforma electoral de 1874. Las cincuenta páginas de la Memoria, dadas a la prensa en julio de 1876, ponen de manifiesto, no solo el talento jurídico de Prat, sino que, además, lo muestran como un hombre genuinamente preocupado por la legitimidad democrática de nuestras instituciones representativas.

---

147 Sobre Prat, véanse: **De la Cerda, Pablo** y **Ferrada, Claudio**, *"Arturo Prat. Estudiante de Derecho y Abogado"*, Editorial Andrés Bello, 1980; **Vial, Gonzalo**: *"Arturo Prat"*, (Editorial Andrés Bello), 1995; **Sater, William**: *"La imagen heroica en Chile. Arturo Prat, santo secular"*, Centro de Estudios Bicentenario, 2005; **Castagneto, Piero** y **Lazcano, Diego**: *"Prat: Agente secreto en Buenos Aires"*, (RIL editores), 2009; e **Iturriaga, María Angélica**, *"Carmela Carvajal de Prat: Cartas de mi esposo"*, Sudamericana, Random House Mondadori, 2011. En lo que a mí respecta, he publicado dos columnas de opinión resaltando la figura de Prat: "Los Treinta", El Mercurio de Santiago, 9 de mayo de 2005, página A 3 y "Prat Abogado", El Mercurio de Santiago, 21 de mayo de 2007, página A 3.

Reproduzco, a continuación, los primeros cuatro párrafos de la Tesis de Prat. En ellos se expresa de manera inequívoca el compromiso republicano del héroe de Iquique:

"El 12 de noviembre de 1874 se promulgaba la lei de elecciones vijente.

El país entero aplaudía con entusiasmo su advenimiento considerándola como lei redentora, que venía a salvar de las influencias ilejítimas i del privilejio de las mayorías, la libertad del voto i la representación de las minorías.

Si ella no satisfizo las aspiraciones más avanzadas en esta materia ni todas las exigencias de los partidos, había, al menos, consagrado la justa i conveniente representación de las minorías por medio del voto acumulativo en la cámara de diputados i del limitado en las municipalidades.

La antigua lei había sido enteramente trastornada; la misma constitución política entendiendo el personal del senado i estableciendo su elección por provincias, había ayudado a esta transformación eminentemente liberal".

Tuvo razón Prat. Aun cuando, efectivamente, la reforma de 1874 "no satisfizo las aspiraciones más avanzadas", sí profundizó la libertad del voto y consagró en Chile "la justa y conveniente representación de las minorías". Nuestra patria se beneficiaría de ello[148]. Ocurre que,

---

148 Claudio Orrego Vicuña señaló que "el paso del tiempo (...) demostró que la reforma de la ley electoral de 1874 no fue un simple episodio de actualidad. Tuvo una enorme influencia en el devenir posterior de la vida republicana. Fue esta la primera gran batalla política que se libró con éxito para dificultar la intervención electoral del gobierno y garantizar la libertad real de sufragio del pueblo soberano", en *Observaciones a la lei Electoral Vijente, Memoria de Prueba*, Colección Lautaro, (Ediciones Aconcagua), 1976, p. 8. En un trabajo clásico, Samuel Valenzuela plantea que la ley electoral de 1874 "representó un paso fundamental para que el régimen político chileno pasase de su autoritarismo semicompetitivo a un régimen democrático". Aun cuando el foco principal de Valenzuela está puesto en las disposiciones de la ley de 1874 que limitan la injerencia electoral del Gobierno, él no deja de destacar positivamente el hecho que esta reforma abrió las puertas del Parlamento a las minorías. **Valenzuela, J. Samuel:** *"Democratización vía Reforma"*, (Ediciones del IDES, Colección América Latina), 1985, pp. 19 y 103-106. Como he tenido oportunidad de decirlo en otro lugar: "La forma inteligente en que se pactó

contra lo que afirman algunos, una reforma electoral sí tiene que ver con las necesidades más reales y concretas de la gente.

La reforma de 2015

El 5 de mayo de 2015 se publicó en el Diario Oficial la ley Nº 20.840, que "sustituye el sistema electoral binominal, por uno de carácter proporcional inclusivo y fortalece la representatividad del Congreso Nacional". Así, casi exactamente 26 años después de la imposición del binominalismo por parte de la dictadura de Pinochet, Chile vuelve a reencontrarse con la que fue su tradición en materia de representación parlamentaria[149].

La aprobación de la Reforma Electoral de 2015 ayudará significativamente a llevar adelante el proceso constituyente de los próximos años. Por un lado, demuestra muy concretamente que la vía de la reforma política con respeto a las reglas vigentes (fundada en la combinación de unidad, movilización y persuasión) sí puede producir cambios significativos. Por otra parte, permitirá que el Congreso Nacional que se elija a fines de 2017 tenga los mayores niveles de legitimidad social que se requieren para impulsar el debate de la Nueva Constitución.

Este capítulo tiene por objeto, entonces, analizar una trascendental reforma que puede ayudar, y mucho, a la construcción de la Casa de Todos[150].

---

la reforma electoral de 1874 permitió que las fuerzas minoritarias se incorporaran en plenitud al proceso político. De esta manera, cuando nos sorprendió la Guerra del Pacífico, el país pudo contar con el concurso político y administrativo de todos sus hijos". **Zapata, Patricio:** *"La Nueva Constitución y el Bien Común"*, en Zúñiga, Francisco (Coordinador), *"Nueva Constitución y Momento Constitucional. Visiones, Antecedentes y Debates"*, (LegalPublishing y Thomson Reuters), 2014, p.97.

149   El sistema electoral binominal se instaura en Chile en virtud de la ley Nº 18.799, publicada en el Diario Oficial el 26 de mayo de 1989, y modificatoria, entre otras, de la Ley Orgánica Constitucional Nº 18.700, sobre Votaciones Populares y Escrutinios.

150   Creo importante, por razones de transparencia y honestidad intelectual, que el lector sepa –de entrada– que, respecto del asunto materia de este artículo, el autor de estas líneas está lejos de ser un observador desinteresado. Ya en 1991, en mi condición de asesor del Ministro Secretario General de la Presidencia, Edgardo Boeninger, colaboré en la elaboración del primero de los intentos por eliminar el sistema

A efectos de organizar la exposición, las ideas se estructuran en base a cuatro acápites. La primera parte del capítulo recuerda algunas nociones básicas sobre sistemas electorales. La sección segunda examina críticamente la historia chilena en materia de sistemas electorales, con especial énfasis en los problemas que supone el sistema binominal. El acápite tercero desarrolla una breve reflexión sobre las dificultades inherentes a la reforma de los sistemas electorales, tanto aquellas de orden general como las que se presentaron en el caso que estamos examinando. La cuarta parte del capítulo aterriza en los contenidos del proyecto de reforma presentado por la presidenta Bachelet en abril de 2014 que, como se sabe, y con modificaciones menores, terminaría siendo despachado favorablemente por el Congreso Nacional, en diciembre del mismo año. En esta sección se discutirán, también, algunas de las principales objeciones esgrimidas contra esta iniciativa.

---

binominal. En 1993, como Jefe de la División de Relaciones Políticas e Institucionales del referido ministerio, coordiné la preparación de un segundo anteproyecto. En 1996, después de completar mi postgrado en el extranjero, y siendo Ministro de SEGPRES Genaro Arriagada, volví a participar en el que sería el tercer esfuerzo de un gobierno concertacionista por reformar el sistema electoral. La circunstancia de haber dejado el gobierno a fines de 1999 no puso fin a mi vinculación con el tema. Mi convicción en esta materia me llevó a escribir numerosas columnas de opinión apoyando el cambio (véanse, por ejemplo, "Reforma Republicana", El Mercurio, 23 de abril de 2007, página A3, "La listita", El Mercurio, 19 de mayo de 2008, página A3 y "Tradición republicana", El Mercurio, 14 de julio de 2008, página A3). En 2006 tuve el honor de integrar la "Comisión Boeninger", designada por la Presidenta Bachelet para evaluar propuestas concretas de cambio al sistema electoral. Entre 2010 y 2013, y en mi condición de presidente de la Comisión Constitucional del PDC, brindé apoyo técnico a los esfuerzos políticos de Soledad Alvear, Patricio Walker e Ignacio Walker por lograr un gran acuerdo para poner fin al binominal. A principios de abril de 2014, el Ministro del Interior Rodrigo Peñailillo me invitó a trabajar en un pequeño comité, con los diputados Pepe Auth y Marcelo Schilling, encargado de la redacción un nuevo anteproyecto de reforma electoral. Enriquecido con los aportes de MINSEGPRES, el borrador preparado por este grupo se transformaría en el Mensaje del Ejecutivo (Boletín 9326-07). Durante el año 2014, y también a solicitud del Ministerio del Interior, elaboré dos informes, remunerados, sobre algunos de los aspectos más polémicos de la iniciativa. Invitado por las respectivas Comisiones de Constitución, Legislación y Justicia, asistí a la Cámara de Diputados y al Senado a entregar una opinión favorable al proyecto. Tuve la responsabilidad, finalmente, de representar a la Presidenta de la República en la defensa jurídica ante el Tribunal Constitucional de la reforma electoral frente al requerimiento presentado por senadores de la UDI y RN. A expresa petición mía, esta representación fue *ad honorem*. Las ideas de este Capítulo se publicaron como artículo en el Anuario de Derecho Público 2015, Universidad Diego Portales, pp. 63-96.

Sistemas electorales

Un sistema electoral es aquel conjunto de definiciones esenciales con arreglo a las cuales la manifestación del sufragio ciudadano se traduce, en el ámbito institucional del Estado, en un resultado oficial, preciso y determinado[151]. Para los efectos de este trabajo, entonces, el sistema electoral –*stricto sensus*– remite a las reglas que transforman, o refinan, las preferencias puras ("brutas" o "crudas") del elector en resultados netos. Quedan fuera de este concepto, por lo tanto, aquellas otras, y muy trascendentales, reglas que tienen por objeto asegurar que el acto de votar sea libre e informado y que las campañas electorales sean limpias, equitativas y pacíficas.

En este artículo nos ocuparemos específicamente del sistema electoral parlamentario, esto es, de aquel conjunto de definiciones sobre fórmula, distrito, tipo de papeleta y método matemático de reparto que, en su operación conjunta, traducen la manifestación de la voluntad ciudadana en una precisa y determinada composición de las dos cámaras que, en el caso de Chile, componen el Congreso Nacional.

Un sistema electoral, entonces, supone una manera concreta de responder a las preguntas sobre fórmula (mayoritaria o proporcional), tipo de distrito (nacional único, subnacional de magnitud alta, subnacional de magnitud media, binominal, uninominal), tipo de papeleta (listas cerradas y bloqueadas o listas abiertas) y método matemático de reparto de escaños (d´Hont, Hare, Saint-Laguë).

Un sistema electoral es *mayoritario* cuando *tiende estructuralmente* a premiar a la fuerza política que obtiene más sufragios. Típicos sistemas mayoritarios son aquellos en que todos los parlamentarios son elegidos por distritos uninominales (que eligen un parlamentario), resultando electo en cada uno de ellos el candidato que obtenga más preferencias.

---

151 Rafael López Pintor define al sistema electoral como un "conjunto de elementos esenciales para articular y dar forma institucional a la representación popular". **López, Rafael**: *"Procesos de reforma de sistemas electorales: Aprendizajes de la experiencia comparada"*; en *Reforma del sistema electoral chileno*, Fontaine, Arturo; Larroulet, Cristián; Navarrete, Jorge y Walker, Ignacio, (PNUD), 2009.

Esta fórmula, también conocida como *First-past–the-post* es la que emplean las democracias herederas del viejo Imperio Británico (Reino Unido, Estados Unidos, India, Canadá, etc.)[152]. Los partidarios de los sistemas mayoritarios destacan, principalmente, su aptitud para inducir y generar mayorías institucionales (con las ventajas en materia de gobernabilidad que ello entraña). Se valora además un pretendido efecto moderador de la política (por el hecho de forzar a las candidaturas a pelear el voto de centro).

---

152 Existen, en todo caso, otras fórmulas de carácter mayoritario. El modelo adoptado por la V República Francesa, que contempla distritos uninominales igual que el *First past the Post*, presenta la importante diferencia, sin embargo, de existir un balotaje (segunda vuelta) si ninguna candidatura obtiene mayoría absoluta (a dicha segunda votación tienen derecho a concurrir todos los candidatos que hayan obtenido más del 12.5% del padrón). Esta modalidad no altera radicalmente el funcionamiento mayoritario del sistema, pero otorga un espacio asegurado de influencia, con la consiguiente posibilidad de representación, a fuerzas minoritarias del orden del 10% (a menos que se trate de una minoría que no quiere aliarse o con la que nadie desea entenderse, por ejemplo, el Frente Nacional). Italia, por su parte, ha ensayado en varias ocasiones la alternativa consistente en mezclar una base de elección de tipo proporcional con un correctivo mayoritario (otorgando un número adicional, no proporcional, de diputados, –un premio–, a la fuerza política más votada). En noviembre de 1923, e invocando la necesidad de poner fin a la extrema fragmentación, Benito Mussolini convenció al Parlamento italiano para que aprobara la Ley Acerbo, según la cual si un partido obtenía más del 25% de los voto se quedaría con 2/3 de los diputados, distribuyéndose el tercio restante de acuerdo a la proporción de los votos. 30 años después, gobernando Alcide De Gasperi, la Democracia Italiana, aprobó una reforma electoral que garantizaba 2/3 de los escaños parlamentarios a la coalición que obtuviera la mayoría absoluta de los votos. En la elección de 1953 a la coalición que integraba la DC le faltó apenas una décima de punto porcentual de ganarse el Bono (obtuvo el 49.9%). La ley fue luego derogada. En 2005, sin embargo, Silvio Berlusconi logró aprobar una reforma que otorga 340 de los 630 diputados a la coalición más votada (aunque tenga el 35% o el 40% de los votos). Pensada y diseñada por Berlusconi para favorecer a su propia coalición (la centroderechista "Casa de Las Libertades"), la regla nueva terminó favoreciendo, sin embargo, a la centroizquierdista "Unión" que con el 49.81% de los votos se quedó con los 340 escaños (superando apenas la Casa de Las Libertades que alcanzó el 49.74%). A fines de 2013 la Corte Constitucional declaró inconstitucional la ley de 2005. A principios de 2015 el gobierno de Matteo Renzi aprueba una reforma que conserva la idea del premio de los 340 diputados para la fuerza más votada, pero condicionado a que haya obtenido al menos el 40% de los votos (si ningún partido logra el 40%, dos semanas después de la elección general se realizará un balotaje entre los dos partidos más votados a efectos de determinar cuál de los dos se queda con el bono de los 340 diputados).

Un sistema electoral es *proporcional*, por su parte, cuando *tiende estructuralmente* a producir una cierta equivalencia entre el porcentaje total de los sufragios que obtiene una fuerza política y el porcentaje total de escaños parlamentarios que ella consigue en definitiva. Los defensores de esta alternativa rescatan, especialmente, el hecho que estos sistemas permiten la expresión política de las distintas visiones sociales.

El solo hecho que bajo un sistema se produzcan resultados relativamente proporcionales no lo califica, *per se*, como sistema proporcional. El resultado anotado puede deberse al efecto de circunstancias políticas contingentes o de pactos/omisiones a nivel de la oferta de candidatos.

La proporcionalidad puede ser estricta, corregida (por ejemplo con un umbral del 5%) o moderada. Desde un punto de vista estructural, a la proporcionalidad se puede arribar por diversas vías: creando un distrito nacional único, con un sistema de doble voto o con distritos plurinominales. Veamos, con algunos ejemplos, cómo se combinan estos elementos.

Israel ha adoptado un *sistema proporcional estricto*, esto es, un sistema que garantiza representación equivalente a todas las fuerzas políticas. El territorio del país conforma un solo colegio electoral que elige los 120 miembros del Parlamento (el *Knesset*). Los ciudadanos sufragan por el partido político de su preferencia (que ha presentado listas cerradas y bloqueadas). Los 120 escaños se distribuyen luego en proporción al voto de las listas, sin que exista ningún tipo de umbral mínimo de votación para lograr representación. De esta manera, entonces, un partido que obtiene el 1% de los votos elegirá un diputado.

La República Federal Alemana ha optado por un *sistema proporcional corregido*, esto es, un sistema que garantiza representación equivalente a todas las fuerzas políticas que superen un umbral mínimo. La forma de elección mixta con que se integra la Cámara de Diputados, el *Bundestag*, merece explicarse con cierta detención. Los ciudadanos alemanes emiten dos sufragios. Uno de ellos tiene por objeto elegir, en votación directa, y en base a distritos uninominales, a 299 diputados. El otro voto, el que produce más efectos políticos, se emite en favor de algunos de los partidos políticos con existencia legal y define, proporcionalmente, vía sistema *Saint Laguë*, la composición total de la Cámara.

Veamos, con un par de ejemplos, y utilizando los datos de la última elección parlamentaria (2013), cómo opera en la práctica el sistema germano. En base al primer voto, los candidatos de la CDU/CSU (Unión Democratacristiana/Socialcristiana) se impusieron en 236 de los 299 distritos uninominales. En cuanto al segundo voto, el 41.5% logrado por la CDU/CSU le da derecho a un total de 311 diputados (sobre el total de 631). Estos 311 se completan sumando a los ya indicados 236 diputados electos por los distritos unos 75 candidatos nacionales identificados en la respectiva lista cerrada del partido. El Partido Verde, por su parte, solo consiguió que uno de sus 299 candidatos se impusiera en los distritos uninominales. El punto, sin embargo, es que el 7.3% que lograron los verdes con el segundo voto les da derecho a un total de 63 diputados. Esos 63 se enteran adicionando al único que resultó electo en base territorial otros 62 que figuraban en la lista de la colectividad.

El hecho que los germanos hayan optado por una composición mixta del *Bundestag* –con dos tipos distintos de diputados– no significa, en modo alguno, que el sistema de ellos sea algún tipo de híbrido entre proporcional y mayoritario. Nada que ver. El sistema alemán es proporcional[153]. Lo que sí es cierto, sin embargo, es que se trata de un proporcional corregido, esto debido a la existencia a nivel legal de un umbral mínimo de votación (5%) como requisito *sine qua non* para que un partido tenga derecho a su cuota proporcional de diputados.

Bélgica, España, Portugal y la mayoría de las democracias sudamericanas, en cambio, emplean *sistemas electorales proporcionales construidos sobre distritos plurinominales*, listas de partido, método d´Hont y sin umbral mínimo de votación. En el caso de la mayoría de los regímenes parlamentarios, necesitados de máxima disciplina partidista, el sistema de lista es cerrado y bloqueado, de modo que el elector no puede

---

153 El modelo alemán, que ya cumple casi siete décadas, ha inspirado reformas electorales en países como México, Bolivia y Nueva Zelanda.

manifestar preferencia por alguno de los candidatos individuales (así, por ejemplo, en España y Portugal). No obstante, el régimen parlamentario belga coexiste con listas abiertas (aquellas en que el elector puede jerarquizar las posibilidades de los integrantes de la lista). En el caso de los regímenes presidenciales, se presentan las dos opciones. Mientras Argentina contempla listas cerradas, Brasil y Chile establecen listas abiertas. Colombia, por su parte, le concede a cada partido o coalición el derecho a proponer listas abiertas o cerradas.

En este modelo proporcional fundado en distritos plurinominales, la Magnitud de los Distritos, esto es, la definición del número de parlamentarios que elige cada distrito, es el criterio clave para evaluar el grado de proporcionalidad de cada sistema.

Si todos los distritos plurinominales eligen dos, tres, cuatro o cinco parlamentarios, será difícil que fuerzas políticas con menos del 20% obtengan representación. Obviamente, en el caso en que todos los distritos elijan dos, como ocurre con el binominal chileno, la posibilidad de que se produzca la entrada de esas fuerzas minoritarias es bajísima[154].

Si se combinan distritos que eligen tres, cuatro o cinco parlamentarios y otros distritos que elijan siete o más parlamentarios, con un promedio que vaya de cinco a seis, se obtiene un sistema que arrojará típicamente proporcionalidad moderada. Insistamos en cuanto a que un sistema proporcional moderado como el descrito no garantiza representación equivalente a todas las fuerzas políticas sino que, mucho más

---

154   Que esa posibilidad sea baja no significa que no pueda ocurrir. Factores de tipo local o la concentración de los apoyos en una parte del territorio podrían permitir que, incluso en un binominal, un partido que tiene un 5% a nivel nacional pueda elegir varios parlamentarios. Consideremos, por último, que todo lo que pueda decirse sobre la situación de los partidos minoritarios en el binominal chileno ha estado muy fuertemente condicionado por el hecho que la ley Nº 18.700 Orgánica Constitucional de Votaciones Populares y Escrutinios permite la celebración de pactos entre partidos. Como se sabe, esa circunstancia permite que aquellos partidos políticos del 5% que tienen interés en aliarse y encuentran acogida en los pactos grandes pueden, si hacen una buena negociación de cupos, alzarse con varias victorias parlamentarias (ha ocurrido con el Partido Radical de Chile, con la Unión de Centro Centro en 1997 y con el Partido Comunista en las elecciones de 2009 y 2013).

modestamente, crea condiciones que hacen *posible* la representación bastante aproximada de las mayorías y de las minorías significativas (por minoría significativa entiendo una fuerza política, o una candidatura, cuya votación bordea el 10%).

Si todos los distritos plurinominales eligen siete o más parlamentarios, el sistema está en mejores condiciones de acercarse a la proporcionalidad estricta. En el extremo, por supuesto, se encontraría, la situación de Israel en que el colegio electoral único tiene una magnitud de distrito 120.

Apliquemos lo que se ha señalado sobre Magnitudes de Distritos a la estructura concreta de varios sistemas electorales proporcionales que se fundan en distritos plurinominales. Para estos efectos, iremos desde una menor hospitalidad con las fuerzas minoritarias a una mayor apertura para las mismas, atendiendo al porcentaje del total de escaños parlamentarios que se eligen por distritos con magnitud igual o superior a siete.

Cámara de Diputados, Chile (1990-2015):	0%
Cámara de Diputados, Chile (1973):	42%
Cortes de Diputados, España (2015):	58%
Cámara de Diputados, Argentina (2015):	76%
Asamblea de la República, Portugal (2015):	77%
Congreso de Diputados, Brasil (2015):	100%

Al momento de concluir esta breve mirada al tema de los sistemas electorales, conviene destacar que, sobre este asunto, la teoría democrática es relativamente agnóstica. No existe, en efecto, una fórmula concreta que pueda reclamar para sí la cualidad de encarnar en plenitud los valores y principios del autogobierno. Por el contrario, sistemas muy distintos, mayoritarios unos, proporcionales otros, pueden, todos ellos –legítimamente– presentarse como alternativas igualmente democráticas. No existe, por tanto, un tipo de sistema electoral que sea absolutamente mejor que los otros[155]. Cada comunidad política debe asumir la tarea de identificar el que más le sirva.

Lo señalado permite entender el hecho que mientras para el Reino Unido el mejor sistema sería el muy mayoritario uninominal, para los alemanes el mejor sistema sea el proporcional, con representación mixta y umbral del 5%. Se equivocaría profundamente, y perdería el tiempo, el británico que tratara, con sesudos argumentos teóricos, de convencer al alemán de cambiarse. Lo mismo al revés.

La clave, por supuesto, es que el mecanismo electoral, fuere el que fuere, sea considerado bueno y conveniente por los ciudadanos. En este sentido, no cabe sino aplaudir la sensatez de aquellos pueblos y gobiernos que, cada cierto tiempo, se avienen a revisar críticamente sus instituciones electorales[156]. Del mismo modo que resulta ridículo cambiar por un simple afán exploratorio, que un grupo minoritario que se ha visto favorecido por un sistema electoral se aferre obstinadamente a una fórmula que suscita el rechazo de la mayoría, no puede sino ir debilitando gravemente la legitimidad de las instituciones.

---

155   En palabras de Dieter Nohlen: "No hay un sistema electoral ideal o *best system*. De modo que no se trata de sustituir un sistema que opera en la realidad política, al cual se atribuyen todas sus sentidas o supuestas maldades, por otro teóricamente ideal, del cual se espera la realización de todas las imaginadas bondades que en la política se ofrecen al ser humano. Es importante primero diferenciar entre el mundo teórico y el empírico, y segundo considerar reformas institucionales en términos relativos. Lo que realmente pasa en procesos de reforma electoral es sustituir una solución institucional con efectos cuestionables por otra con efectos a lo mejor menos cuestionables, sustituir sistemas que son más expuestos a la crítica y más costosos en cuanto a valores (por ejemplo, legitimidad) por otros que lo son menos", **Nohlen, Dieter:** *"La reforma del sistema binominal desde una perspectiva comparada"*, en Revista de Ciencia Política, Volumen 26, Nº 1, 2006, pp. 191-202.

156   El Reino Unido viene utilizando el sistema mayoritario desde que la Cámara de Comunes se integra por elecciones. No obstante, siempre ha existido, tanto a nivel de la política como en la academia, una corriente de opinión crítica a tal fórmula. Pues bien, fue el gobierno conservador de David Cameron el que permitió que los propios ciudadanos resolvieran este asunto vía referéndum, pudiendo escoger entre conservar el *First past the Post* y una variante proporcional. El resultado de la votación, celebrada el 5 de mayo de 2011, y que arrojó un sorprendente 67.9% por mantener el mayoritario, no zanjó, por supuesto, el debate intelectual sobre las ventajas y desventajas de uno y otro sistema, pero sí tuvo el efecto de validar democráticamente la fórmula en uso.

He reconocido que en materia de sistemas electorales todo es bastante relativo. Hay un punto, sin embargo, en que los ideales normativos de la democracia, y de la justicia, sí le pueden, y le deben, formular exigencias a los sistemas electorales. A todos, y a cualquiera de ellos. Me refiero al respeto al derecho de todo ciudadano a tener un peso razonablemente equivalente en la elección de los representantes en la Cámara *política*. En este sentido nunca serán aceptables, y violan el principio constitucional de igualdad, los arreglos institucionales que permiten o favorecen la sub-representación de grupos enteros de personas (el caso de las mujeres en Chile), las fórmulas que, sin existir causa razonable, otorgan más peso en el Parlamento a quienes viven en un lugar determinado (*malapportionment*) o los dibujos de distritos que se construyen con el objeto de favorecer la representación de un determinado bando político (*gerrymandering*).

Si el debate entre sistemas electorales es una cuestión siempre opinable, abierta a consideraciones prudenciales y que debe ser resuelta democráticamente, el respeto al igual derecho a la representación es una materia de principios.

Sistemas electorales en la historia de chile

La discusión abstracta sobre las condiciones en que puede o debe ejercerse el sufragio admite, como se ha visto, muchas posiciones. Existen, en efecto, distintas formas de aterrizar institucionalmente los principios de la democracia.

Por ello, no puede sorprender que en materia de sistemas electorales el derecho comparado ofrezca un abanico de opciones. Siendo evidente que es mucho lo que puede aprenderse observando lo que ocurre en otras latitudes, me parece que el parámetro principal para juzgar la conveniencia de un proyecto sobre esta materia ha de construirse en, y desde, nuestra propia tradición constitucional y política.

Es por lo señalado, que me ha parecido útil recordar –brevemente– cuál ha sido, a este respecto, la evolución histórica nacional.

Esa mirada retrospectiva tiene la virtud de mostrar muy claramente la forma en que nuestras sucesivas Cartas Fundamentales, y la legislación complementaria, fueron, por una parte, ampliando el universo de connacionales a quienes se les reconoce el derecho a integrar el cuerpo electoral y, por la otra, van perfeccionando las reglas e instituciones que garantizan que la expresión electoral del pueblo se manifieste en forma pacífica, limpia, auténticamente libre e informada.

Los sistemas electorales
en la historia larga de la tradición republicana chilena

Desde muy temprano, Chile ha buscado darle un peso equivalente al sufragio de los ciudadanos, independientemente del lugar que habiten.

El Acta de la Primera Junta de Gobierno, convocando al Primer Congreso Nacional, de 18 de diciembre de 1810, expresa:

"El Congreso es un cuerpo representante de todos los habitantes de este reino y, para que esta representación sea la más perfecta posible, elegirán Diputados los veinticinco partidos en que se halla dividido. El número de diputados de cada distrito debe ser a su población y, siendo próximamente igual la de todos, elegirá y nombrará cada uno el número de representantes que expresa la razón siguiente: Valdivia, uno; Osorno, uno; Concepción, tres; Los Ángeles, uno; Rere, uno; Rancagua, uno; Melipilla, uno; Valparaíso, uno; Quillota, uno; Santiago, seis; Chillán, dos; Linares, uno; Cauquenes, uno; Talca, dos; Curicó, uno; San Fernando, dos; Los Andes, uno; Aconcagua, uno; Petorca, uno; Cuzcuz, uno; Coquimbo, dos; Huasco, uno; Puchacay, uno; Itata, uno; Copiapó, uno.

Será electo Diputado el que saque mayor número de votos (…). En las ciudades y partidos en que se haya de elegir más de un Diputado, verificada la elección del primero, se procederá, en igual forma, a la del segundo y demás (…)".

El reglamento Constitucional de 1812, por su parte, establece en su artículo 7° que: "Habrá un Senado compuesto de siete individuos (…). Se renovará cada tres años (…). Serán reelegibles". Más adelante, el mismo documento constitucional añade: "El Senado será representativo; correspondiendo dos a cada una de las provincias de Concepción y Coquimbo, y tres a la de Santiago" (artículo 10).

Incluso una Carta Fundamental con un compromiso democrático tibio, como la Constitución de 1833, se preocupó de establecer que el número de representantes en la Cámara de Diputados debía ser correlativo al número de ciudadanos que se representan[157].

En la medida que el autoritarismo del régimen *pelucón* iba dando paso, no sin grandes luchas, a un régimen más liberal y proto-democrático, nuestra institucionalidad adoptaba en 1874 el voto acumulativo para la elección de los diputados. Esta fórmula, que elimina el método de lista completa, le reconoce al elector tantos votos como cargos por llenar, pudiendo distribuirlos o acumularlos. El efecto buscado, y logrado, fue permitir que fuerzas políticas minoritarias pudieran asegurarse presencia en la Cámara de Diputados. La Ley de elecciones de 1912, sin perjuicio de introducir otros perfeccionamientos, mantuvo el voto acumulativo.

La Carta Política de 1925 elevó la idea de proporcionalidad a la calidad de principio constitucional ("Art. 25. En las elecciones de Diputados y Senadores se empleará un procedimiento que dé por resultado en la práctica una efectiva proporcionalidad en la representación de las opiniones y los partidos políticos"). Meses después, una nueva ley electoral introdujo en nuestro país el sistema de cifra repartidora, popularizado en Bélgica por d´Hont.

El sistema de voto acumulativo, primero, y el sistema de cifra repartidora, después de 1925, permitieron la expresión de cinco o seis corrientes políticas relevantes, con un ligero premio para las más fuertes

---

157   Art. 18. La Cámara de Diputados se compone de miembros elegidos por los departamentos en votación directa y en la forma que determinare la ley de elecciones. Art. 19. Se elegirá un diputado por cada veinte mil almas, y por una fracción que no baje de diez mil (doce mil, en 1874).

    Fue bajo los parámetros indicados que el número total de parlamentarios y su distribución fue variando a lo largo del tiempo. De este modo, si el 1834 el número total de diputados era de 57, en 1867 ese número aumentó a 96. Paralelamente, la representación parlamentaria de Santiago pasaba de siete a ocho diputados.

y con la posibilidad de ingreso al sistema de partidos emergentes (por ejemplo, la Falange Nacional).

No hay duda de que estas opciones institucionales contribuyeron a asegurar la presencia, y consolidación de varias subculturas políticas, fenómeno que ha caracterizado la cultura política nacional.

El (largo) paréntesis del binominal

La publicación en el Diario Oficial de la ley Nº 20.840 señala el fin de 26 años de aplicación del sistema binominal. No obstante, me parece que sigue siendo útil volver a insistir en el análisis de dicha fórmula. Entre otras cosas, por cuanto la aprobación del nuevo sistema proporcional moderado se apoya en una crítica fundada a los defectos del binominalismo. En la misma medida que el binominal fue objeto de defensas razonadas, resulta conveniente volver a sintetizar la esencia de la polémica[158]. Ese es el objeto de este acápite[159].

Algunos defensores del binominalismo insistieron en los efectos políticos positivos que este habría tenido. Se arguye, entonces, que esta fórmula habría contribuido a fortalecer dos grandes coaliciones relativamente estables, una oferta política fundamentalmente moderada y condiciones adecuadas para los acuerdos.

Nuestra convicción es que las circunstancias anotadas responden no a una, sino a múltiples causas. No negamos, entonces, que el sistema electoral haya sido uno de tales factores. Creemos, sin embargo, que los avances políticos y sociales de las últimas décadas se deben mucho

---

158 Véanse, entre otros: Guzmán, Eugenio: *"Reflexiones sobre el sistema binominal"*, en Estudios Públicos, 51, Invierno de 1993, pp. 303-324. Álvaro, Bellolio y Ramírez, Jorge: *"Sistema Binominal y Modernización electoral: Evaluación y lineamientos de Reforma"*, (Libertad y Desarrollo), 2012 y Von Baer, Ena: *"Sistema Binominal: Consensos y Disensos"*, en *Reforma del Sistema Electoral chileno*, PNUD, Cieplan, Libertad y Desarrollo, CEP, Proyectamerica, 2009, pp. 177-206.

159 Las líneas que siguen recogen reflexiones y argumentos de mi autoría publicadas en columnas de opinión, artículos e informes. En algunos casos se recuperan elementos de juicio, también de mí redacción, que se incorporaron, en su momento, en las Exposiciones de Motivos de sucesivas Mociones y Mensajes legislativos en materia de reforma electoral.

más a la madurez cívica del pueblo chileno, a la capacidad de los presidentes Aylwin, Frei, Lagos, Piñera y Bachelet y, por qué no decirlo, al patriotismo de los dirigentes de los partidos políticos.

Y si en algún momento las ataduras del sistema binominal reforzaron actitudes responsables, esos "beneficios" resultaban contrarrestados por los muchísimos costos en legitimidad y eficacia que genera un mecanismo que frustra la participación ciudadana.

Así como no podemos sino reconocer que existen personas que se han convencido de buena fe de las bondades del sistema binominal, tenemos claro, en todo caso, que el apoyo firme, decidido e invariable que un sector del espectro político le brindó al binominal, más que provenir del terreno de las ideas, derivaba más bien del cálculo político interesado.

Esto no debe sorprender, pues la génesis del Binominal está marcada, precisamente, por las necesidades de un determinado sector de la política chilena.

Veamos.

En 1984, tres años después de la entrada en vigencia de la actual Constitución, el gobierno del General Pinochet designó una Comisión de especialistas encargada de elaborar la legislación complementaria de carácter político. Desde que la Comisión inició su trabajo, pudo advertirse que uno de los temas más polémicos y delicados era la definición de la forma en que habrían de ser elegidos los 120 miembros de la Cámara de Diputados.

Varios de los comisionados eran partidarios de instaurar un sistema mayoritario sobre la base de distritos uninominales (a la inglesa o norteamericana). Una fórmula como esa calzaría, en efecto, con una filosofía constitucional que coloca especial énfasis en los fines de la estabilidad y la exclusión de las minorías más radicales. Agréguese, y esto ya es una especulación, que al adoptarse un sistema mayoritario se colocaba en una situación muy incómoda a la oposición de entonces pues, a falta de pactos electorales, se produciría una natural división de los votos de la DC y la ex UP. A menos, claro está, que todos ellos formaran un partido único, con el consiguiente efecto de regalar votos centristas a la derecha (el recuerdo de las luchas entre la DC y el gobierno del presidente Allende todavía estaba fresco).

Ricardo Gamboa ha rastreado la génesis del sistema binominal, destacando el papel jugado por Arturo Marín[160]. Parece bastante claro que en la idea primigenia, el binominalismo iría de la mano con una prohibición de los pactos electorales. La contingencia, sin embargo, pudo más que las teorías. En efecto, nos parece que la única forma de entender que la dictadura haya terminado por aceptar los pactos electorales –contra los cuales los iuspublicistas del régimen habían formulado en la década anterior duros reproches– es a partir del hecho que a fines de 1987 terminó por frustrarse el sueño de un gran partido de la derecha.

Así, la violenta ruptura entre quienes habían concurrido a formar originalmente Renovación Nacional (Sergio Onofre Jarpa, Andrés Allamand y Jaime Guzmán) obligó a los juristas de derecha a contemplar en la ley la posibilidad de pactos. De no haberse adoptado esa providencia, la entonces pequeña UDI (9%) hubiera quedado sin representación parlamentaria.

Aceptados los pactos, el binominalismo perdería algunas de sus propiedades. En todo caso, y hacia fines de 1987, y después de ponderar varias fórmulas alternativas, la Comisión de Estudios optó por proponer la creación de sesenta distritos electorales que eligen dos diputados cada uno. Con posterioridad al plebiscito presidencial de octubre de 1988, sin embargo, el gobierno decidió modificar el trazado específico de los sesenta distritos propuesto previamente por la Comisión asesora. En un ejercicio que no puede ser considerado inocente, el nuevo distritaje "castigó" a aquellas zonas en que había triunfado el NO (se le restaron 10 diputados a las regiones Metropolitana y del Bío Bío), "premiando" las localidades en que el SÍ había tenido un buen resultado (así, las regiones Primera, Tercera, Cuarta, Sexta y Novena fueron bonificadas con diez parlamentarios adicionales).

---

160 **Gamboa, Ricardo**: *"El establecimiento del sistema binominal"*, en Huneeus, Carlos (ed.), *La Reforma Electoral. Ideas para un debate*, (Fundación Konrad Adenauer, Catalonia), 2006, pp. 45-74.

El antecedente recordado confirma nuestra convicción en el sentido que el sistema binominal fue un esquema pensado y diseñado para favorecer a los amigos políticos de quienes detentaban, entonces, un poder político sin límites.

Las críticas no se dejaron esperar. No podía dejar de llamar la atención que se hubiera escogido un mecanismo que, salvo el caso de Irak, no reconoce ningún otro paralelo o antecedente en el derecho comparado.

Respecto a la configuración de los distritos electorales y a su carácter binominal, un grupo de profesores de Derecho Público solicitó al Tribunal Constitucional la declaración de inconstitucionalidad de las normas respectivas por cuanto estas atentarían contra los principios de representatividad democrática e igualdad en la participación.

El escrito en cuestión fue presentado por los profesores Carlos Andrade, Francisco Cumplido, Humberto Nogueira, Jorge Precht, Germán Urzúa y Mario Verdugo. En la presentación, estos profesores afirmaron que para los efectos de diseñar los distritos electorales, el legislador se encuentra sujeto a las normas constitucionales que establecen la igualdad de oportunidades para participar en la vida nacional (Artículo 1º), el carácter democrático de la república chilena (artículo 4º), la igualdad del sufragio (artículo 15) y la igualdad en y ante la ley (artículo 19 números 1 y 2).

De ello, el "Téngase Presente" desprende que: "Es por lo tanto imprescindible para cumplir con el mandato constitucional no sólo que cada ciudadano disponga de un sufragio de igual valor al de cualquier otro ciudadano, sino que, a la par, cada sufragio tenga la misma posibilidad de ganar o tener éxito, es decir, que tenga un poder igualitario en el resultado, o igualdad de oportunidades para decidir quiénes son las autoridades elegidas".

La presentación incluyó un anexo estadístico en que se mostraban las "muy significativas diferencias poblacionales por distrito electoral". En base a tal análisis estadístico el escrito destaca los casos de desproporción más notables: "(...) si asignamos valor 1 al distrito con menor población (distrito 59) a la población del distrito 18 (Comunas de Cerro Navia, Quinta Normal y Lo Prado) le correspondería un valor 5,58 y ambos distritos eligen, sin embargo, los mismos 2 diputados. Si se entiende que para los efectos estadísticos el distrito 59 (Comunas de Coyhaique, Aysén, General Carrera y General Prat) es atípico, podemos tomar como distrito de menor población el distrito 15 (Provincia de San Antonio y Comuna de Casablanca) y asignarle valor 1, en cuyo caso a la población del distrito 18 le correspondería un valor de 3.43, eligiendo ambos 2 diputados cada uno".

A juicio del "Téngase Presente", tal desproporción rebasa, con mucho, los límites que razonablemente pueden ser tolerados. Agrega el libelo: "Si tomamos países con sistemas mayoritarios y examinamos la jurisprudencia de los órganos de control de Constitucionalidad, encontramos en ellos una constante repulsa por inconstitucionalidad de las diferencias distritales de tal envergadura. Mientras en el sistema propuesto la diferencia promedio de población de los distritos electorales es de 49,1% en el proyecto de ley en estudio, en Francia sólo se tolera el 20% y en Alemania el 30% (1 a 1.2 en Francia; 1 a 1.3 en Alemania). De aplicarse el criterio del Tribunal de Karlsruhe al caso chileno en estudio, 40 de los 60 distritos serían declarados inconstitucionales por no igualitarios y de aplicarse el criterio francés 49 sobre 60 distritos (más del 80% de los distritos) también lo serían".

Desgraciadamente, el Tribunal Constitucional de entonces no se hizo cargo de estas muy razonables objeciones. Transcurridos 25 años desde la configuración inicial de los distritos, el distinto desarrollo demográfico ha ensanchado aún más la distorsión, volviéndola, en muchos casos, francamente escandalosa. Piénsese, por ejemplo, en el caso de los 850.000 habitantes de Maipú o los 730.000 habitantes de Puente Alto que deben resignarse a una representación equivalente a la de 150.000 compatriotas de otras localidades.

La disparidad anotada no tiene nada que ver con vocaciones descentralizadoras. Las democracias interesadas en potenciar el desarrollo de las periferias o las zonas extremas acuden a la profundización de la regionalización (llegando incluso al federalismo) o contemplan un Senado de representación territorial (donde la población no es un factor). Lo que no se hace en ninguna democracia es desvirtuar el peso de la representación ciudadana en la Cámara Política.

Los problemas del binominal, en todo caso, estaban muy lejos de circunscribirse a sus conflictos de origen. Mucho más importante, pienso yo, es detenerse en el examen de sus efectos.

Los efectos del sistema electoral binominal son muy importantes y, la mayoría, negativos. Nótese bien. No estoy diciendo que el único problema de nuestra democracia representativa sea el binominal. Ni siquiera que sea el más importante. Ni que solo produzca efectos negativos. No pertenezco, entonces, al grupo de aquellos que podrían querer exagerar los efectos perversos del binominalismo, y que parecen pensar que el sistema binominal es una verdadera bestia negra a la cual podríamos culpar de todos los problemas, debilidades o fracasos para los cuales no tenemos una buena explicación.

En mi opinión, por lo tanto, la reforma del sistema electoral era necesaria, pero no suficiente. Por lo mismo, no tengo problemas en reconocer que si la reforma política en Chile se limitara únicamente a la sustitución del sistema binominal, nuestra democracia seguiría presentando problemas importantes. En esta línea, resulta útil considerar que son muchos los países en que, no existiendo nada parecido al sistema binominal, se presentan, sin embargo, serios problemas de legitimidad política.

Veamos, una vez más, cuáles fueron esos efectos negativos del sistema binominal.

Existe, en primer lugar, un problema de representatividad. El sistema castiga severamente, en efecto, a fuerzas políticas que teniendo un 5%, 10% o 15% de los votos, no tienen interés en pactar, o que, teniéndolo, no encuentran socio disponible. Esto explica, por lo demás, entre 1989 y 2005, la situación del Partido Comunista chileno. El sistema, además, otorga un premio importante a la segunda fuerza política, cualquiera sea esta, a la cual le basta con no perder por mucho para obtener un resultado no muy distinto del que logra la primera fuerza (este ha sido, por supuesto, el "gran negocio" de la derecha desde 1990 en adelante).

Hay que reconocer, por supuesto, que lo que venimos diciendo se expresa con más claridad en el Senado que en la Cámara de Diputados. La razón es simple.

En la misma medida en que se multiplican las unidades territoriales y, por lo tanto, son más pequeñas, aumenta la probabilidad de que las mayorías nacionales encuentren correlato en la asignación de escaños. Así, un binominal con uno, dos, tres o cuatro distritos le garantiza la mitad de los asientos, sí o sí, a una fuerza del 33%. En cambio, un binominal con 50, 60 ó 70 distritos, le ofrece oportunidades a la mayoría para lograr "doblajes" en cinco o seis lugares, lo cual se traduce en una cierta proporcionalidad.

Los defensores del binominal se apuran en presentar estudios estadísticos que probarían, en los hechos, que dicho mecanismo no habría sido tan distorsionador como lo pretenden sus críticos. En este punto, parece importante plantear un alcance.

Hay que tomar en cuenta el grado en que las negociaciones dentro de los pactos han contribuido a compensar los efectos del binominal. Estoy refiriéndome a las omisiones, los pactos instrumentales y los blindajes; técnicas que, en la práctica, le han permitido a los negociadores de los distintos partidos amortiguar las consecuencias del binominal sobre los partidos chicos y a conseguir cierta proporcionalidad. El punto importante es que toda esta "creatividad" negociadora no ha dejado de tener un efecto negativo sobre la competencia, la transparencia y el peso efectivo del ciudadano. Más aún, me parece bastante claro que si ellas podían ser aceptadas por las personas en el clima político de la inmediata post-transición; hoy vivimos una época muy distinta en la que, gracias a Dios, los ciudadanos no están dispuestos a que su poder se vea expropiado por un puñado de negociadores capitalinos.

La falta de competencia es, por supuesto, el segundo gran problema del sistema binominal. Existen, incluso, casos extremos en que los pactos grandes han dejado casi sin posibilidad de opción a los ciudadanos (como cuando llevan un solo candidato en una circunscripción). Pero no solo en esos casos límite se pierde la competitividad. En la medida que, con el binominal, la verdadera confrontación se produce entre los compañeros de pacto (pues probablemente solo uno de ellos puede elegirse), aumentan los incentivos para que los parlamentarios incumbentes logren blindarse por la vía de negociar que los partidos "socios" no lleven candidatos fuertes en su distrito o circunscripción.

El binominal no solo limita la competencia. También tiene un impacto negativo sobre la participación de mujeres. Conozco un trabajo de Marcela Ríos, que prueba, con elementos abundantes y concluyentes del derecho comparado, que los sistemas proporcionales son más amigables con el avance de la representación femenina[161]. Se prueba, en concreto, que la existencia de distritos con Alta Magnitud (más de siete escaños) es un factor que favorece ese desarrollo.

El análisis histórico verifica la tesis indicada. Cuando se analiza cuáles son los distritos que eligieron a las 41 mujeres que obtuvieron escaño en la Cámara de Diputados chilena entre 1953 y 1973, se comprueba que 40 de las 41 victorias de mujeres se producen en distritos que eligen más de cinco diputados. Por el contrario, si se observa lo ocurrido en los distritos que elegían uno, dos o tres diputados, se aprecia que en esos nunca se eligió una mujer.

En el caso de la Cámara de Diputados, las falencias del binominal se ven agravadas porque los distritos se fundan en un diseño territorial que, definido por la dictadura en 1989, niega la igualdad de voto, subrepresentando a los ciudadanos de los centros urbanos de Santiago, Concepción, Valparaíso y Viña del Mar. Este último efecto, hay que decirlo, no responde a ningún ánimo descentralizador, sino que resulta del afán de castigar la representación de las zonas en que la votación del NO fue más fuerte.

La única manera real de corregir estas falencias es introduciendo un sistema electoral en que los ciudadanos elijamos a nuestros

---

161   **Ríos, Marcela**: *"Cuotas de Género, democracia y representación"*, Instituto Internacional para la Democracia y Asistencia Electoral (IDEA), Flacso, Chile, 2006, pp. 16-22.

representantes sobre la base de distritos que elijan, en promedio, cuatro parlamentarios. Los distritos plurinominales mejoran las posibilidades de las terceras y cuartas fuerzas, aumentan automáticamente las alternativas y vuelven más probable que la fuerza con mayor votación tenga también mayoría de escaños.

En lo que respecta al propósito de avanzar hacia la igualdad del voto, la única solución era, efectivamente, agregar unos 30 diputados más. Mi impresión es que los que insistían en mantener el número de 120 diputados no deseaban, realmente, corregir el esquema de voto desigual actual. No pienso que se les escapara que el ejercicio suma cero consistente en corregir la infrarrepresentación de algunas localidades (Puente Alto o Talcahuano) con los mismos 120 parlamentarios, esto es, quitándole diputados a las zonas menos pobladas (Aysén, Linares o Villarrica) es impracticable, no solo por la reticencia de los incumbentes cuyos escaños desaparecerían, sino que, además, por la natural resistencia de las comunidades que sufrirían una merma en su representación.

Reformas electorales

Cambiar los sistemas electorales no es fácil. Hacerlo en democracia, por su parte, es doblemente difícil. Realizarlo en términos de que el nuevo sistema ofrezca garantías a todos los sectores políticos, es una verdadera rareza.

Reformas electorales en general

Esbozando una tipología simple uno podría decir que existen cuatro tipos de reformas electorales.

Están aquellas en que el sector que tiene el poder de hacer la reforma "a su pinta" (sea que se trate de una dictadura o de una mayoría parlamentaria abrumadora) procede, efectivamente, a hacer aprobar un sistema que mejora, por secretaría, sus posibilidades de ganar aún por más. Esto fue, por supuesto, lo que hizo la derecha en 1989, cuando aprovechando el brazo armado de la dictadura de Pinochet, impuso un sistema a su medida.

Muy relacionada con la anterior es la reforma que se hace para perjudicar deliberadamente a un cierto sector que, en razón del espacio que ocupa en el espectro político, de su aislamiento o por la forma en que están distribuidos territorialmente sus apoyos, resultaría ser especialmente afectado por un determinado sistema. Fue lo que hizo el gaullismo francés en 1958, al poner fin al régimen proporcional que, entre otras cosas, le había permitido al PC galo, durante toda la IV República, traducir en un cuarto de la Asamblea Nacional su 25% de los votos. El sistema mayoritario adoptado significó que, con los mismos votos, el PC pasó a tener apenas un 10% de la Asamblea.

Luego, están aquellas otras reformas electorales donde grupos que han sido mayoritarios durante un tiempo, advierten que han perdido el favor del pueblo en términos tales que arriesgan una merma considerable de su representación en los próximos comicios. Entonces, ni cortos ni perezosos, proceden a sustituir el mecanismo vigente por uno que amortigua la caída. Fue lo que hizo el PS francés en 1985 cuando, previendo un castigo ciudadano para las elecciones de 1986, procedió a reinstaurar el proporcional.

Llegamos, finalmente, a las reformas electorales que, adoptadas en democracia y con apoyos transversales, no se hacen pensando en la próxima elección sino que en profundizar la legitimidad democrática de la institución parlamentaria.

La génesis de la reforma de 2015

Hemos sostenido, en líneas anteriores, que no existe un único sistema electoral que sea siempre, en todo lugar y a todo evento, el mejor sistema. Lo que puede afirmarse, sin embargo, es que para el aquí y el ahora, sí existen sistemas mejores y sistemas peores y esto dependerá de la aptitud de cada sistema para hacerse cargo de cuatro variables bastante contingentes: dar cauce a la tradición política de la comunidad de que se trate, armonizar con el resto del régimen institucional, responder a las necesidades sociales y ser percibido como legítimo por la comunidad[162].

Para su fortuna, Chile ha sido capaz de llevar adelante no una, sino tres reformas electorales que han considerado debidamente las cuatro variables anotadas.

La primera fue en 1874 cuando, fruto del acuerdo amplio de liberales y conservadores, se incorporó el voto acumulativo, garantizando a las minorías una presencia significativa en nuestra Cámara de Diputados. La segunda fue en 1925, al introducirse el sistema de cifra repartidora D'Hont, que permite una verdadera representación proporcional. La tercera es la que estamos comentando.

Fue difícil. En efecto, han sido 20 los proyectos sobre esta materia, discutidos en sede parlamentaria en las últimas dos décadas. Varios de ellos muy concretos. Puede ser útil, en este punto, recordar que buena parte de la dificultad estribaba en que las normas que debían modificarse estaban blindadas constitucionalmente por un quórum muy alto (3/5 de los senadores y diputados en ejercicio). Era el propio binominal, por otra parte, en una especie de círculo institucional vicioso, el que, por su subsidio a la derecha, hacía imposible que las altas mayorías ciudadanas que votaban por el reformismo se tradujera en las suficientes mayorías institucionales. Súmese a lo anterior el hecho que hasta 2005 los parlamentarios enemigos de la reforma electoral contaban con el subsidio adicional de los senadores designados.

---

162 En palabras de Nohlen: "El mejor sistema electoral es el que se adapta mejor a los requisitos de lugar y tiempo. Esta tesis implica que el contexto político y sociocultural importa mucho a la hora de diseñar un sistema electoral, pues es el que decide de alguna manera si este va a rendir mejor en relación a los valores priorizados, cuya realización se espera. Como dice Robert A. Dahl (1996), la solución institucional debe ser confeccionada (*tailored*). No se trata, pues, de escoger entre sistemas electorales, sino de diseñarlos. Esta tesis ya tiene consecuencias para una reforma electoral: favorece a sistemas electorales que permiten un diseño específico, o sea, favorece a los sistemas combinados". **Nohlen, Dieter**: *"La reforma del sistema binominal desde una perspectiva comparada"*, en Revista de Ciencia Política, Volumen 26, N° 1, 2006, pp. 191-202.

Nos parece útil recordar en este momento algunas de las iniciativas que, en esta materia, patrocinaron los distintos gobiernos de la Concertación.

El primer proyecto lo presentó el presidente Aylwin en junio de 1992. Fue aprobado en la Cámara con los votos a favor de la Concertación y los votos en contra de la UDI y Renovación Nacional. En enero de 1993, fue rechazado en el Senado por la mayoría que formaban, entonces, la derecha más los designados.

El presidente Frei, por su parte, presentó un primer proyecto en 1994 que no llegó a votarse. En octubre de 1995, su gobierno patrocina una segunda iniciativa que tenía, supuestamente, el apoyo de RN. Luego de su aprobación por la Cámara, sin embargo, y por causa de la oposición de la derecha (incluyendo a RN), el proyecto fue rechazado en el Senado.

El presidente Lagos insistió una y otra vez en la necesidad de reformar el binominal, tanto es así que en algún momento llegó a condicionar la aprobación de otros muchos e importantes acuerdos a que se arribó en 2005 (senadores designados, COSENA, TC), al cambio electoral. Al final, debió contentarse con que esta regulación fuera excluida de la Carta Fundamental. En todo caso, el 20 de diciembre de 2005, presentó, igual, un proyecto de reforma.

El 2006 la presidenta Bachelet le pidió a Edgardo Boeninger presidir una Comisión que propusiera alternativas concretas. El grupo así lo hizo. Se creía que las promesas de campaña del candidato Sebastián Piñera y las ofertas de Renovación Nacional al Partido Comunista habían creado condiciones, finalmente, para un acuerdo. No fue así.

Durante el gobierno de Sebastián Piñera se produjo una valiosa convergencia entre sectores de centroizquierda y Renovación Nacional. Desgraciadamente, el Mandatario no pudo, o no quiso, vencer la resistencia de la UDI, que mantenía una defensa a ultranza del binominal. La debilidad y falta de visión del presidente Piñera impidió, entonces, que la reforma que hoy comentamos se hubiera aprobado en 2011 ó 2012.

Recién iniciado su segundo gobierno, la presidenta Bachelet instruyó a su Ministro del Interior para que liderara un nuevo esfuerzo con el fin de sustituir el binominal. Los buenos resultados alcanzados por la Nueva Mayoría en la elecciones parlamentarias de 2013, permitían pensar que los altos quórum requeridos para aprobar este cambio estaban, ahora sí, al alcance de la mano.

Aprovechando toda la experiencia acumulada, y con la contribución fundamental del diputado Pepe Auth, el gobierno presentó un proyecto de reforma en abril de 2014.

La habilidad política del ministro Peñailillo, la coordinación legislativa de la ministra Ximena Rincón, la disciplina de los partidos de la Nueva Mayoría y la apertura de los parlamentarios de Amplitud, fueron –algunos de los factores que explican que, en menos de un año, el proyecto se transformara, finalmente, en Ley de la República.

La reforma electoral de 2015

Seis son, a lo menos, los objetivos que inspiran el nuevo sistema electoral.

a)   Reducir la desigualdad del voto

La diferencia de valor del voto en Chile según el lugar donde se emite es increíblemente alta y viola de manera flagrante el principio de igualdad del voto. No se puede emprender una reforma sin reducir significativamente esta desigualdad inaceptable en cualquier democracia.

Todo esfuerzo de igualación del valor del voto hace imprescindible incrementar el número de diputados y senadores del país, para no verse obligados a la imposible tentativa de achicar la representación de algunos territorios escasamente poblados.

Chile tenía en 1973, una Cámara de 150 diputados y un Senado de 50, con mucho menos de la mitad de electores que hoy día. Con esos números, el rediseño de distritos y circunscripciones permitiría reducir de manera muy significativa la desigualdad actual del valor del voto entre ciudadanos de distintos territorios. Es obvio que este objetivo es prioritario para la Cámara de Diputados, que representa personas, y algo menos para el Senado, pues también se representan allí los territorios. La propuesta considera, además, que los distritos correspondientes a zonas extremas en el norte y en el sur austral merecen un criterio especial de sobrerrepresentación, más allá de su población electoral, con el propósito de propugnar su mayor integración a la nación chilena.

b) Permitir la representación de todas las corrientes políticas significativas

La vía para posibilitar el ingreso de las corrientes más significativas de la sociedad, es la de reducir el número de distritos y circunscripciones para que se elijan más escaños en cada uno de ellos. Sólo así podrán ingresar al Parlamento sectores minoritarios pero significativos de la sociedad, que sin duda merecen estar representados y permiten que la democracia se complete y fortalezca con su participación. Tanto más escaños del total de diputados se elijan en distritos grandes, menor será la barrera de ingreso al parlamento y mayor será la inclusión.

c) Aumentar la competitividad e incertidumbre

Se busca que los electores recuperen totalmente la decisión respecto a quiénes serán sus representantes, para lo cual es indispensable que todas las formaciones políticas puedan concursar con sus propios candidatos y que las grandes competencias internas en los partidos –y entre partidos– se resuelvan de cara a la ciudadanía en las mismas elecciones. Esto se soluciona definiendo distritos que elijan un número mayor de diputados, pero también permitiendo que las listas electorales presenten más candidatos que los que se eligen en cada territorio electoral.

Con ello crecerán la competencia y la incertidumbre respecto de quiénes serán electos y la norma general será que siempre algún sector político resultará ganador de la elección, condición indispensable para motivar la participación electoral, que, por ahora, sigue siendo voluntaria.

d) Facilitar la expresión de la mayoría y la representación de las minorías

Con la conformación de un sistema de distritos y circunscripciones que eligen un mínimo de tres parlamentarios y en su mayoría cinco a ocho, se propende a que la ventaja de votos de un sector sobre otro se traduzca en ventaja equivalente en la representación parlamentaria. Al mismo tiempo, se asegura que en todos los territorios la minoría tenga también expresión parlamentaria.

e) Promover un Congreso que refleje la diversidad de la sociedad

Se requiere un sistema que aliente a los partidos y a los pactos a presentar a la ciudadanía planteles de candidatos que reflejen toda la diversidad de género, edad, origen étnico, social y cultural del país. Esto, junto con la representación de todas las corrientes políticas, es el mejor antídoto contra el distanciamiento ciudadano de la política, porque el Congreso recuperaría vigor como lugar de encuentro y debate de todos los puntos de vista y posiciones relevantes en la sociedad.

Distritos que elijan más diputados y listas que puedan presentar más candidatos, permitirían aplicar una ley de cuotas que obligue a las listas a presentar elencos de postulantes con la proporción de mujeres que se determine necesaria para cambiar la desigual representación de género que tiene hoy el Congreso.

f) Evitar que queden fuera candidatos con grandes votaciones

Uno de los defectos más visibles del binominal es que candidatos con altas votaciones (sobre 20 ó 25%) pueden quedar fuera del Congreso, provocando gran frustración de sus electores. En distritos que mayoritariamente eligen cinco o más escaños esto pasa a ser imposible y queda como probabilidad excepcional sólo en un pequeño número de distritos que elige tres o cuatro escaños.

Contenidos de la reforma electoral

La Reforma electoral de 2015 se inscribe en el contexto de la tradición republicana chilena de la que hemos hablado en este libro. Así, cada una de las Cámaras responderá, principalmente, a un principio de representación particular. En el caso del Senado, el criterio básico es el equilibrio entre los distintos territorios. Tratándose de la Cámara de Diputados, el principio rector debe ser la igualdad en el voto de todos los chilenos.

Como se verá, no se trata, sin embargo, de principios que se apliquen de modo absoluto. De esta manera, el criterio del equilibrio territorial no obsta a que en el Senado se consulte –de manera complementaria– una mayor representación relativa para las zonas más pobladas. Por otra parte, en cuanto a la Cámara de Diputados, el proyecto propone conciliar el principio de igualdad de voto con el propósito de no castigar en demasía la representación política de las zonas extremas del territorio.

En cuanto al Senado, la reforma establece que la Cámara Alta estará integrada por 50 miembros y cada región pasa a ser una sola circunscripción. Cinco regiones mantienen el número actual de dos senadores a elegir, mientras las otras diez lo aumentan, reduciéndose así la desmesurada desigualdad en el valor del voto según donde se emita, permitiendo que se exprese la mayoría y que, también, siempre esté representada la minoría.

En síntesis:

a) Se mantiene la elección de dos senadores en las regiones menos pobladas (Tarapacá, Atacama, Aysén y Magallanes, agregándose la circunscripción Arica-Parinacota, también con dos senadores); las regiones de O'Higgins, Antofagasta, Coquimbo, Los Ríos y Los

Lagos pasan de dos senadores a elegir tres cada una; Valparaíso, Maule, Bío Bío, la Araucanía y la Región Metropolitana, que hoy día eligen cuatro, pasarían a elegir cinco senadores cada una.

b) En cuanto a la Cámara de Diputados, se establece una Corporación integrada por 155 miembros. De estos 155, 151 se distribuyen en base a distritos plurinominales que eligen un número variable de diputados que se determina en atención al número de electores, propendiendo al mayor logro posible del principio de igualdad de voto, teniendo presente, sin embargo, las siguientes restricciones estructurales que se explicitan para la cabal comprensión de la fórmula:

i) La extensión territorial de los distritos no excederá los márgenes de una región.

ii) Los nuevos distritos se constituyen a partir de la agregación de distritos hoy existentes.

iii) La asignación del número de escaños no reducirá, al menos en términos absolutos, la representación que tienen hoy los distintos territorios.

A los 151 diputados así distribuidos, se propone añadir cuatro adicionales que se asignan, por razones geopolíticas y de integración nacional, a las cuatro regiones del país que constituyen las zonas extremas de nuestra República (norte y sur). Esta es una corrección que se asume expresamente. Dado que son, precisamente, las cuatro regiones con menor número de electores, una aplicación estricta de los criterios definidos más arriba acarreaba como resultado que quedarían con los mismos dos diputados que tienen hoy. Amén de las consideraciones geopolíticas, esta solución busca erradicar completamente la lógica que impone el binominalismo.

En suma, el nuevo sistema electoral considera un total de 28 distritos que eligen, entonces, entre tres y ocho diputados cada uno. Debo indicar que la distribución promedio del número de escaños por distrito inscribe la fórmula aprobada en el terreno de los sistemas proporcionales moderados o atenuados (el 48% de los escaños se elige por distritos de magnitud igual o superior a siete, lo que es marginalmente superior al sistema chileno pre 1973, 42%, pero bastante inferior a los porcentajes de los modelos actuales de Argentina, 76%, y Brasil, 100%; los que sí son proporcionales puros). Seguirán existiendo, por tanto, incentivos para que los partidos políticos se agrupen en grandes conglomerados y no debiera producirse una fragmentación excesiva en la representación política.

Respuesta a algunas criticas

En las páginas que siguen me gustaría comentar algunas de las objeciones que se han levantado contra esta reforma.

Objeción: El sistema electoral proporcional haría cortocircuito con el presidencialismo

El presidencialismo ha sido un rasgo muy distintivo de nuestro desarrollo político como nación. Existen, sin embargo, diversas visiones sobre su futuro. Algunos piensan que, más allá de sus rigideces, este régimen responde a nuestra cultura política y permite un Poder Ejecutivo eficaz. Otros piensan que es indispensable avanzar hacia formas semipresidenciales o parlamentarias.

Se trata de una discusión legítima y necesaria y nada de lo que decidamos sobre sistema electoral debiera cerrar o dificultar ese debate constitucional de fondo.

En el corto y mediano plazo, sin embargo, todo parece indicar que seguiremos teniendo algún tipo de presidencialismo (ojalá más atenuado, me atrevo a decir). Desde ese factor de contexto corresponde evaluar la pertinencia de transitar desde un sistema electoral binominal a un sistema proporcional moderado.

Hay personas que han planteado que existiría algún tipo de tensión estructural entre el sistema presidencial, por una parte, y el multipartidismo al que propenden los métodos proporcionales, por la otra. Según esta visión, entonces, y en la medida que Chile conserve el presidencialismo, sería inconveniente aprobar un sistema electoral proporcional. Adviértase, sin embargo, que uno de los principales proponentes de esta "dificultad", Scott Mainwaring, reconocía expresamente que la realidad del sistema político chileno, entre 1932 y 1970, constituía una clara excepción a su tesis[163].

Nada de lo ocurrido en 1973 podría ser base para sostener que el sistema multipartidista liquidó nuestra democracia. Como se sabe, entre 1962 y 1973, ocho de las diez repúblicas sudamericanas vivieron la experiencia de los golpes militares. Y si bien algunas de esas democracias que se derrumbaron tenían sistemas pluripartidistas como el de Chile (por ejemplo, Perú) otros tenían un fuerte bipartidismo (Uruguay).

Aun cuando tengo claro que el sistema proporcional moderado no causó el quiebre democrático y que tampoco impidió que Chile viviera alrededor de tres décadas de gobernabilidad democrática estable, creo que el régimen electoral anterior a 1973 presentaba problemas. Hace ya 30 años Genaro Arriagada advertía los peligros de lo que llamaba el "presidencialismo de doble minoría", esto es, que las reglas de la Constitución de 1925 permitieran que se pudiera acceder a la Primera Magistratura con menos de un tercio de los votos populares y que se gobernara con minoría en el Congreso.

Si bien no podemos decir que este problema ha sido resuelto completamente (puesto que en el presidencialismo la posibilidad de un gobernante minoritario es una eventualidad imposible de excluir), no pueden desconocerse aquellos cambios de las últimas décadas que propenden, objetivamente, a la existencia de gobiernos estables de mayoría. Nos referimos a la segunda vuelta presidencial, al acortamiento del mandato presidencial y a la simultaneidad entre elecciones de Presidente y Parlamento.

---

163 **Mainwaring, Scott:** *"Presidentialism, multiparty systems and democracy"*, Kellog Institute, September 1990.

Recapitulando, me parece que la adopción de un sistema electoral proporcional moderado (que no producirá fragmentación excesiva del sistema de partidos) no colisiona con el sistema presidencial. Seguirán existiendo incentivos para pactar coaliciones y para prestar apoyo leal a los presidentes a los que se ha contribuido a elegir.

Objeción: Sería preferible adoptar algún tipo de sistema mayoritario o algo parecido al modelo alemán

En el contexto de la tramitación del proyecto hubo, en efecto, voces que defendieron otras opciones de cambio. Destaco, especialmente, por su enorme seriedad, la interesante contribución que hizo al respecto el Centro de Estudios Públicos.

La propuesta del CEP contenía varios elementos positivos. Destaco, en primer lugar, el hecho de que la fórmula planteada asume la necesidad y legitimidad de reemplazar el sistema binominal que nos rige. Esta visión técnica de un Centro de Estudios históricamente ligado a la derecha liberal viene a sumarse, entonces, a un diagnóstico crítico compartido transversalmente por el 90% de los especialistas. También quiero valorar el hecho que la fórmula del CEP no se ha acomplejado a la hora de asumir que un mejor Parlamento y una mejor política justifican ampliamente el esfuerzo –costo si se quiere– de incorporar 30 diputados adicionales.

Desde un punto de vista técnico, la propuesta del CEP consiste en introducir dos tipos de diputados: 100 de ellos elegidos por distritos uninominales y 50 elegidos en base a listas nacionales. Recoge, en ese sentido, el muy interesante modelo mixto del *Bundestag* alemán. Hay que notar que ya hace un año el grupo Res Publica, instancia pluralista y de excelencia coordinada por Klaus Schmidt-Hebbel, había planteado un esquema muy similar (81 diputados nacionales y 81 diputados por distritos uninominales mayoritarios).

Como ya señalamos, sería absurdo sostener que existe, a todo evento, para todo país y para toda época, un solo sistema que sea justo y conveniente. La clave es encontrar un arreglo que sea viable, socialmente legítimo, adecuado a las necesidades de expresión de la sociedad y funcional a la estabilidad. En esos terrenos, más que en el de la teoría, la propuesta del CEP presenta debilidades importantes.

Tiendo a pensar que la relación entre ciudadano y representante es un valor históricamente muy apreciado por el elector chileno. Nunca en toda nuestra historia electoral hemos tenido diputados designados directamente por los partidos (aunque criticamos al binominal y a nuestro sistema de reemplazo actual por ese defecto). No creo que sea esta la ocasión de hacerlo. No siendo un cambio necesario para garantizar gobernabilidad, pienso que va en contra de una fuerte demanda social contemporánea.

En cuanto a las bondades de los sistemas mayoritarios, creo que sería indispensable que sus patrocinantes tomaran nota de los problemas serios que, a su respecto, se vienen advirtiendo tanto en Estados Unidos como en el Reino Unido.

Objeción: La nueva ley no representa ningún avance importante en materia de proporcionalidad

Tanto Andrés Tagle como el Instituto Libertad y Desarrollo relativizaron, en algún momento, el progreso en proporcionalidad. Lo hicieron en estudios profusamente comentados por la prensa.

Los dos estudios referidos se basan, en lo esencial, en un ejercicio analítico consistente en calcular cuál habría sido la composición de las Cámaras legislativas si en elecciones chilenas del pasado reciente se hubiera aplicado, en vez del sistema binominal que nos rige, la fórmula nueva que propone la iniciativa del Ejecutivo.

No niego que cálculos como los efectuados por el señor Tagle y Libertad y Desarrollo pueden ser útiles. En lo concreto, y en la medida que ambos estudios coinciden en que la representación que habría obtenido la derecha en 2009 o en 2013 con las reglas de la reforma no es significativamente menor que la que obtuvo efectivamente con el binominal, los análisis citados vienen a confirmar que el proyecto del Ejecutivo (considerando diseño de distritos y distribución de escaños) no fue elaborado con el ánimo de favorecer a sus partidarios y de perjudicar a sus oponentes (al contrario, por supuesto, de lo ocurrido con el dibujo de distritos que hizo la dictadura en 1989). Habiendo participado en la elaboración de la propuesta del gobierno, no tuve, debo reconocer, ni el tiempo ni las destrezas computacionales elementales que se requieren para hacer simulaciones con votaciones históricas. Agradezco, por lo mismo, al señor Tagle y a Libertad y Desarrollo por haber realizado proyecciones "hacia atrás" que validan la imparcialidad y objetividad del proyecto del gobierno.

El problema de los análisis de Andrés Tagle y Libertad y Desarrollo, sin embargo, es que, a partir de las simulaciones indicadas, derivan un conjunto de conclusiones generales que parecieran tener por objeto la defensa del sistema binominal y/o la descalificación del proyecto de reforma. Quizás la afirmación más llamativa es aquella que dice "la propuesta no contiene mejoras reales en cuanto proporcionalidad" (Tagle).

Con el mayor de los respetos quisiera decir que sostener que un sistema electoral en que la magnitud de los distritos (esto es, el número de escaños que se elige por unidad territorial) es igual a dos, como es lo propio del binominal, tiene el mismo efecto de proporcionalidad que un sistema electoral en que se proponen magnitudes de distritos de entre tres y ocho (con un promedio de 5.5) es una tesis que se contradice con la lógica y la aritmética. ¿Cómo va a dar lo mismo para una fuerza política o candidato que tiene del orden del 15% o 20% de los votos que el distrito por el cual postula elija dos o seis candidatos?

La peculiar conclusión que extraen Tagle y Libertad y Desarrollo de sus simulaciones desafía, además, todo el conocimiento acumulado por la ciencia política. No quiero aburrir al lector citando autores, pero al interesado lo invitaría a revisar desde los estudios clásicos de Duverger hace seis décadas, hasta los trabajos más recientes de Taagepera y Shugart (1989), Lijphart (1994) y Cox (1997). No se piense, por favor, que este consenso de la ciencia política es de carácter puramente teórico. Carey y Hix el 2008 hicieron un estudio empírico con 618 elecciones en 81 países, en los últimos 60 años, y la conclusión es inequívoca: a mayor magnitud de distrito mayor proporcionalidad.

¿Por qué, entonces, las simulaciones históricas de que se sirven Tagle y Libertad y Desarrollo parecen negar esta realidad? La respuesta es tan obvia que da hasta un poco de vergüenza ajena tener que plantearla. En 2009 o en 2013 las decisiones de los candidatos, partidos, coaliciones y de los electores estaban condicionadas absolutamente por la regla <u>entonces vigente</u> sobre representación. Y dado que la regla entonces vigente –el binominal– premiaba a las dos grandes fuerzas y castigaba a los partidos medianos, no nos puede sorprender que, existiendo actores racionales, haya habido una alta concentración de opciones viables y de votos en las dos grandes fuerzas. Lo que resulta analíticamente defectuoso es tomar después esos resultados, como si fueran datos que caen del cielo –libres de todo condicionamiento–, y usarlos como base para ver qué habría pasado con un sistema proporcional. En este punto estoy acompañado, paradojalmente, por uno de los héroes de la Escuela de Chicago: me refiero a Robert Lucas Jr. (Premio Nobel de Economía) que hace ya 37 años formuló esta objeción contra las comparaciones "ingenuas".

Objeción: La nueva ley constituye un traje a la medida de la Nueva Mayoría

De las cosas que se han dicho para criticar la adopción de la reforma electoral, me detengo, ahora, en la acusación que imputa a la Nueva Mayoría el haber sustituido el binominal por un "traje a la medida", hecho *ex profeso* para beneficiarla.

Debo confesar que la crítica del "traje a la medida" me produce algo de irritación[164].

---

164   En nuestro caso, los alegatos ante el Tribunal Constitucional fueron una oportunidad para desmentir aquellos comentarios políticos que acusaban al proyecto de reforma de ser un traje a la medida de la Nueva Mayoría. Del examen de la sentencia queda claro que, más allá de los reparos que los ministros disidentes formulan a ciertas desproporciones transitorias entre población y escaños, el proyecto aprobado no tiene el efecto de favorecer a un sector determinado en desmedro de otro. Durante los alegatos, por lo demás, la propia abogada de los senadores requirentes afirmó que su reclamo no se basaba en dicho reproche.

Las simulaciones que se han hecho, desde la academia y por expertos de distintos sectores, demuestran que el distritaje propuesto no tiene el efecto acumulado de beneficiar a la Nueva Mayoría en desmedro de la derecha[165].

Faltos de un estudio serio, algunos críticos recurrieron a la anécdota. Sacaron a relucir la presunta "anomalía" de la Tercera Región. ¿Cómo es posible –decían– que dicha zona sume un diputado más cuando resulta que numéricamente no le correspondía? Se les contestó (y está explicado en una exposición de motivos que parece que nadie en la derecha tuvo tiempo de leer) que, para evitar la acusación de centralismo, el proyecto asumió la conveniencia de que, como línea de base, todas y cada una de las 15 actuales regiones del país, independientemente de su población, sumaran a su actual representación un diputado adicional. De esta manera, de los 35 diputados que se agregan a la Cámara, solo 20 tendrán el efecto neto de mejorar la igualdad de peso del voto (y, por lo mismo, se asignan fundamentalmente a las regiones V, VIII y Metropolitana). ¿Hubiera sido más lógico que los 35, todos ellos, fueran a las zonas más pobladas? En la lógica de las matemáticas abstractas, probablemente. Pero tratándose de una decisión política que debe tomar un cuerpo deliberativo en que el 75% de los actuales diputados son de provincias y en un país con un fuerte, y justificado, sentimiento anticentralista, hubiera sido un despropósito.

La anomalía de Atacama, por tanto, no es tal. O, si se quiere, es tan anomalía como el diputado adicional que suman Punta Arenas y Coyhaique (que desde una lógica puramente matemática tampoco lo "merecerían").

Lo paradojal de la fijación de la derecha con Atacama es que acusan perfidia de la Nueva Mayoría cuando resulta que, en los hechos, los únicos posibles beneficiados de ese cambio concreto son ellos. Veamos. Hoy, con el binominal, de los cuatro diputados de Atacama la derecha

---

165 Véanse los trabajos de Andrés Tagle, Libertad y Desarrollo y Kenneth Bunker de la Universidad Diego Portales. La Tercera, sábado 31 de enero de 2015, p. 4.

no tiene ninguno (fue doblada en los dos distritos de la región). Por el solo hecho de pasar al proporcional, ese 30% de votación que han tenido allí históricamente les asegura un diputado que hoy no tienen. Y aún más: el aumento de cuatro a cinco para la región, lejos de ser un "regalo para la izquierda", genera una posibilidad real de que, con los mismos votos, la derecha obtenga dos de los cinco. O sea, la "maldad" de la Nueva Mayoría le daría a la derecha dos diputados donde hoy no tiene ninguno. ¡Es cuestión de saber cómo funciona la cifra repartidora en un sistema proporcional!

No deja de ser notable, por supuesto, que los partidos de derecha, la UDI y RN –que por décadas usufructuaron sin chistar de un sistema electoral cuya lógica y distritaje fue impuesto por Pinochet con el fin de subsidiarlos a ellos– hayan descubierto el 2015, súbitamente, el valor de principios como el de la igualdad del voto.

Ahora bien, y frente a esta acusación del "traje a la medida", que se explica, como hemos visto, mucho por el uso de la calculadora y poquito por la aplicación de principios, hay que responder mostrando el enorme progreso que representa el proyecto desde el punto de vista del igual peso en el voto, por un lado, y en la proporcionalidad, por el otro.

¿Se podría haber llegado a otra fórmula? Por supuesto. Pero para que eso hubiera sido posible, se necesitaba que los tres senadores RN que abrigaban ambiciones presidenciales a fines 2014, Allamand, Espina y Ossandón, hubieran estado dispuestos a enemistarse con ese 15% antipolítica y antipartidos que, creen ellos, dirimirá una futura primaria presidencial de la centroderecha. No se atrevieron. Prefirieron volver a incumplir los compromisos suscritos, en su momento, por Jarpa, Rivadeneira, Allamand y Piñera. De paso, no les importó dejar sin piso las fórmulas propuestas por el propio presidente de su partido (Cristián Monckeberg). Una pena. La reforma tuvo que hacerse contra los votos de la derecha. No solo eso. No contentos con haber votado en contra en el Parlamento, los senadores de la UDI y Renovación Nacional recurrieron al Tribunal Constitucional para intentar que el proyecto fuera declarado inconstitucional. Afortunadamente, ese último intento por bloquear la reforma también fracasó[166].

Objeción: A nivel del Senado cada una de las 15 regiones debiera tener la misma representación

Comentario: Más de algún parlamentario "regionalista" rescató la lógica que impera en otros congresos bicamerales, de acuerdo con la cual mientras la Cámara baja representa en proporción estricta a la población, la Cámara Alta, en cambio, representa por parejo los territorios (por ejemplo, los Estados Unidos).

Se trata, sin duda, de un razonamiento atendible, especialmente considerando nuestra propia historia constitucional previa al 73 (los 28 distritos para la Cámara elegían entre dos y 18 diputados dependiendo de la distribución de la población en el censo de 1930, mientras cada una de las diez agrupaciones provinciales elegía los mismos cinco senadores, independientemente del número de habitantes).

El criterio expuesto, sin embargo, merece matizarse. Piénsese, por ejemplo, en el caso de Alemania, una república que se toma muy en serio el federalismo y los fueros de cada uno de los componentes de la federación. Los germanos no tienen ningún problema en que la representación de los Lander (así se llaman las regiones) en la Cámara Alta (*Bundesrat*) no sea perfectamente igualitaria. De esta manera, y dependiendo de la población, las distintas regiones envían al *Bundesrat* un número de senadores que oscila entre un mínimo de cuatro (para los Lander que tienen menos de dos millones habitantes, como el pequeñísimo Bremen y sus apenas 600 mil ciudadanos), un número de cinco para los Lander que tienen más de dos millones pero menos de seis millones de habitantes y un máximo de seis representantes para aquellos Lander que tienen más de seis millones (piénsese en los casi 13 millones de bávaros). Los alemanes saben bien, por lo demás, que la igualdad regional se juega principalmente en la auténtica descentralización política.

---

166   Véase la sentencia del Tribunal Constitucional de Chile del 30 de marzo de 2015 (Causa Rol 2777-15).

Otras objeciones

Existen, por ejemplo, quienes, declarándose disponibles para avanzar hacia un sistema proporcional, criticaban tanto el incremento en el número de diputados como el hecho de que la reforma aumenta el tamaño de los distritos. Sorprende que estas personas no adviertan lo obvio: la única forma de lograr proporcionalidad con el mismo número de diputados sería creando distritos nuevos aún más extensos y populosos que los que contempla la reforma de la presidenta Bachelet.

Existen, finalmente, aquellos que denunciaron improvisación en la reforma. Es increíble que olviden que el tema se venía discutiendo desde 1989 (cuando la Comisión Técnica RN/Concertación propuso un sistema electoral proporcional para un Senado de 50 miembros y una Cámara de 150 integrantes). Ignoran los 20 proyectos presentados sobre el punto en los últimos 25 años. Desconocen, finalmente, los estudios y resultados de la Comisión que presidió Edgardo Boeninger en 2006 y los valiosos debates producidos en la Comisión de Constitución del Senado durante todo el año 2013.

Reflexión final

Permítaseme concluir con una nota más personal.

No llevaba todavía dos semanas trabajando en la Secretaría General de la Presidencia (todavía no era oficialmente Ministerio), allá por Septiembre de 1990, cuando tuve mi primer encuentro con mi jefe, el Ministro don Edgardo Boeninger. Se comprenderá el nerviosismo del, entonces, joven asesor. Allí estaba, recién salido de la Escuela de Derecho, y recibía mi primer encargo profesional. ¡Y de Boeninger! Mientras me entregaba una gruesa carpeta, don Edgardo me dijo: "Estudie este asunto. Póngase a trabajar en esto". La carpeta llevaba en la tapa una carátula que decía "Reforma Electoral". No podía sospechar, entonces, por supuesto, que la porfía de la derecha en defender el binominal iba a hacer de aquel, un encargo de 25 años.

Mientras redacto estas líneas, en el mismo año 2015 en que finalmente se aprobó la reforma electoral, no puedo dejar de concluir con palabras de reconocimiento y esperanza.

Mi **reconocimiento**, en primer lugar, a todos los compatriotas que desplegaron energías políticas y capacidad de persuasión en orden a que, finalmente, el cambio pudiera aprobarse.

Mi **esperanza** en que la reforma contribuya, efectivamente, a robustecer nuestra democracia. Tengo claro que ni esta ni ninguna otra ley, por buena que parezca, puede provocar transformaciones mágicas. No obstante, pienso que este cambio legal puede ser parte importante del esfuerzo integral para que recuperemos el prestigio y la prestancia de nuestras instituciones representativas.

Chile quiere y necesita un Congreso que se parezca más a su sociedad. Un Parlamento con más mujeres, con más jóvenes, con igual peso del voto y donde se expresen equitativamente nuestras distintas formas de pensar. Ese es el Congreso Nacional que abrirá las puertas al proceso que culminará en una Constitución que sea **Casa de Todos**.[167]

---

167 Este capítulo concentra su análisis en el cambio del sistema electoral propiamente tal. Han quedado fuera del examen, por ende, algunas cuestiones muy importantes también contenidas en la nueva ley. Me interesa dejar expresa constancia, sin embargo, de mi apoyo decidido y entusiasta a la modificación que incorpora una cuota de género, requiriendo a cada partido político, integre o no un pacto, que su nómina total de postulantes a la Cámara y al Senado cumpla el requisito de que ningún género esté representado por sobre 3/5 ni por debajo de los 2/5 del total. Esta norma se propone como transitoria, aplicable a las elecciones parlamentarias de 2017, 2021, 2025 y 2029, en el entendido que su propósito es romper una situación inicial en la que operan fuertes e invisibles barreras de entrada. Me complace haber podido contribuir con mi defensa ante el Tribunal Constitucional para los efectos que dicho órgano validara, por siete votos a tres, esta importante cuota de género.

FUENTES CITADAS

Abella, Joaquín: *"Liberalismo alemán del siglo XIX: Robert Von Mohl"*, Revista de Estudios Políticos, Número 33, mayo-junio de 1983.

Aguilar, José Antonio: *"En pos de la Quimera"*, Fondo de Cultura Económica, México, 2000.

Albertazzi, Daniele y McDonnell, Duncan: *"Twenty-First Century Populism"*. New York, Palgrave MacMillan, 2007.

Álvez, Amaya: *"El ideal republicano como principio jurídico-político en Chile. Evolución histórica y rol de la interpretación como modo de adecuación de la realidad"*, Anuario de Filosofía Jurídica y Social, Nº 23, Edeval, Valparaíso, 1995.

Ayala, Carlos y Casal, Jesús: *"La evolución político-institucional de Venezuela 1975-2005"*, Estudios Constitucionales, CECOCH, Universidad de Talca, Año 6, Nº 2, 2008.

Arendt, Hannah: *"La condición humana"*, Paidos, 9° Reimpresión, 2013.

Arendt, Hannah: *"La promesa de la política"*, Paidós, España, 2008.

Arendt, Hannah: *"De la historia a la acción"*, Paidós, Buenos Aires, 2005.

Aristóteles: *"Politics"*, *"The Basic Works of Aristotle"*, Random House, New York, 1941.

Arriagada, Genaro: *"El sistema político chileno"*, Colección Estudios Cieplan, Nº 15, Santiago, 1984, pp. 171-202.

Atria, Fernando: *"La Improbabilidad de la Jurisdicción"*, en *La Judicatura como Jurisdicción*, Instituto de Estudios Judiciales y Expansiva, 2007.

Atria, Fernando: *"La Constitución tramposa"*, Colección Ciencias Sociales y Humanas, LOM, 2013.

Atria, Fernando: *"Sobre el problema constitucional y el mecanismo idóneo y pertinente"*, en *"La solución constitucional"*, Alfredo Joignant y Fuentes, Claudio (editores), Catalonia, 2015.

Ballester, Mateo: *"Auge y declive del Patriotismo constitucional en España"*, Foro Interno, Nº 14, 2004, pp. 121-145.

Barceló, Joaquín: *"Acerca del Fundamento del derecho de propiedad"*, Estudios Públicos, Nº 52, 1993, pp.247-275.

Bassa, Jaime, Ferrada, Juan Carlos y Viera, Christian (editores): *"La Constitución chilena. Una revisión crítica a su práctica política"*, Derecho en Democracia, LOM, Santiago de Chile, 2015.

Bellolio, Álvaro y Ramírez, Jorge: *"Sistema Binominal y Modernización electoral: Evaluación y lineamientos de Reforma"*, (Libertad y Desarrollo), 2012.

Bellolio, Cristóbal: *"Pinochet, Lagos y nosotros"*, Debate, Penguin Random House, 2015.

Benedicto XVI, Su Santidad: Carta Encíclica *"Caritas in Veritate"*, 2009.

Benítez, Jorge y Rosas, Pedro (editores): *"La República Inconclusa. Una Nueva Constitución para el Bicentenario"*, Editorial Arcis, Santiago, 2009.

Blumenwitz, Dieter y Gaete, Sergio: *"La Constitución de 1980. Su legitimidad"*, Editorial Andrés Bello, 1981.

Brahm, Enrique: *"Mariano Egaña: los inicios liberales y patriotas del jurista del régimen pelucón"*, Revista Chilena de Derecho, Volumen 28 Nº 3, julio-septiembre de 2.001, pp. 593-598.

Bravo Lira, Bernardino: *"Grandes etapas del estado constitucional en Chile y en los demás países de habla castellana y portuguesa"*, Revista Chilena de Derecho, Volumen VI, 1979, pp. 36-49.

Bravo Lira, Bernardino: *"La metamorfosis de la legalidad en Argentina desde el siglo XVIII hasta el siglo XX"*, Revista Chilena de Derecho, Volumen XIII, 1986, pp. 143-155.

Bravo Lira, Bernardino: *"La Constitución brasileña de 1988. Antecedentes histórico-institucionales"*, Revista Chilena de Derecho, Volumen XV, 1988, pp. 213-233.

Bravo Lira, Bernardino: *"Hispanoamérica al filo de los años 1990: renovación de las instituciones políticas"*, Revista Chilena de Derecho, Volumen XVI, 1989, pp. 207-220.

Bravo Lira, Bernardino: *"Honor, Vida y Hacienda. Estado de derecho en el mundo hispánico (Siglos XVI al XXI). Contrastes con el rule of law y régne de la loi ilustrado"*, Revista de Derecho Público, Volumen 67, 2005, pp. 23-58.

Burdeau, Georges: *"Derecho Constitucional e Instituciones Políticas"*, Editora nacional, Madrid, 1981.

Campos Harriet, Fernando: *"Historia constitucional de Chile"*, Editorial Jurídica de Chile, Séptima edición, 2005.

Carbonell, Miguel (editor): *"Teoría de la Constitución" (Ensayos escogidos)"*, Editorial Porrúa, México, 4° Edición, 2008.

Castillo, Vasco y Ruiz, Carlos: *"El pensamiento republicano en Chile"*, Revista Ciencia Política, Volumen XXI, Nº 1, 2001, pp. 25-40.

Castillo, Vasco: *"La creación de la República"*, Serie Republicana, LOM, 2009.

Cea, José Luis: *"Nueva Constitución o Reforma Constitucional: ¿Refundación del Estado o Progreso Institucional?"*, en Aportes para una Reforma Constitucional, IDEAS para el debate Nº 3, Centro Latinoamericano de Políticas Económicas y Sociales CLAPES UC, Pontificia Universidad Católica de Chile, mayo de 2015, pp. 17-33.

Chía, Eduardo y Quezada, Flavio (editores): *"Propuestas para una Nueva Constitución"*, Instituto Igualdad, Friedrich Stiftung, Facultad de Derecho de la Universidad de Chile, 2015.

Collier, Simon: "Ideas y políticas de la Independencia chilena, 1808-1833", Editorial Andrés Bello, 1977.

Correa, Jorge: *"¿Ha llegado la hora de una nueva Constitución?"*, Anuario de Derecho Público 2013, Universidad Diego Portales, 2013, pp. 21-35.

Correa, Jorge: *"Nueva Constitución"*, El Mercurio de Santiago, Edición del Sábado 28 de Diciembre de 2013, página C 6.

Correa, Jorge: *"Nueva Constitución (II)"*, El Mercurio de Santiago, Edición del Sábado 18 de Enero de 2014, página C 4

Correa, Jorge: *"Una Nueva Constitución: desafíos críticos"*, Revista Mensaje, Enero –Febrero de 2014, pp. 34-37.

Correa, Jorge: *"Procedimiento constituyente "democrático, institucional y participativo": ¿Será posible?"*, en "Propuestas para una Nueva Constitución", Instituto Igualdad, Friedrich Ebert Stiftung, Facultad de Derecho de la Universidad de Chile, 2015, pp. 55-60.

Cortina, Adela: *"Ciudadanos del mundo"*, Alianza Editorial, Madrid, Primera reimpresión, 2013.

Couso, Javier: *"Los desafíos de la democracia constitucional en América Latina: entre la tentación populista y la utopía neoconstitucional"*, Anuario de Derechos Humanos, Facultad de Derecho de la Universidad de Chile, 2010.

Cumplido, Francisco: *"Estado de Derecho en Chile"*, ICHEH, 1983.

Cumplido, Francisco y Nogueira, Humberto: *"Teoría de la Constitución"*, Fondo de Cultura Económica, Santiago, 1986.

Delaveau, Rodrigo: *"¿Nueva Constitución? Bases conceptuales para el debate constitucional"*, Ideas para el Debate Nº 3, CLAPES UC, Mayo de 2015.

Donoso, Sebastián: *"Los derechos y garantías individuales en la evolución constitucional chilena"*, Ediar Conosur, 2000.

Doyharcabal, Solange: *"El pensamiento de Bello en el Derecho Penal"*, Boletín de Investigaciones, facultad de Derecho, Universidad Católica de Chile, Nº 43, 1979, pp. 20-71.

Fernández, Mario: *"La Constitución contra sí misma"*, Legalpublishing y Thomson Reuters, 2013.

Fernández, Miguel Ángel: *"Fortalezas y debilidades de la Constitución actual"*, en *"¿*Nueva Constitución o Reforma? Nuestra propuesta: evolución constitucional", Thomson Reuters, Santiago de Chile, 2015, pp. 3-28.

Figueroa, Maximiliano: *"Jorge Millas. El valor de pensar"*, Ediciones Universidad Diego Portales, Santiago, 2011.

Francisco, Su Santidad: Carta Encíclica *"Laudato Si"* de 24 de mayo de 2015.

Fuentes, Claudio (editor): *"En el nombre del Pueblo. Debate sobre el cambio constitucional en Chile"*, ICSO, Heinrich Böll Stiftung, 2010.

Fuentes, Claudio: *"El Pacto. Poder, Constitución y prácticas políticas en Chile (1990-2010)"*, Ediciones Universidad Diego Portales, Santiago de Chile, 2012.

Fuentes, Claudio: *"El fraude"*, Editorial Hueders, 2013.

Fuentes, Claudio y Joignant, Alfredo (editores): *"La solución constitucional"*, Catalonia, Santiago de Chile, 2015.

Gamboa, Ricardo: *"El establecimiento del sistema binominal"*, en Huneeus, Carlos (ed.), *La Reforma Electoral. Ideas para un debate*, (Fundación Konrad Adenauer, Catalonia), 2006, pp. 45-74.

García-Bacca, Juan David (compilador): *"Los presocráticos"*, Fondo de Cultura Económica, Undécima reimpresión conmemorativa, 2009.

García Linera, Álvaro: *"Comunidad, socialismo y estado plurinacional"*, el Deconcierto. cl, Ediciones y Publicaciones El Buen Aire, Santiago, 2015.

García, José Francisco: *"Minimalismo e incrementalismo constitucional"*, Revista Chilena de Derecho, Volumen 41, Nº 1, Enero-Abril de 2014, pp. 267-302.

García, José Francisco (coordinador): *"¿Nueva Constitución o reforma? Nuestra propuesta: evolución constitucional"*, Thomson Reuters, Santiago de Chile, 2014.

Gargarella, Roberto: *"Los fundamentos legales de la desigualdad. El constitucionalismo en América 1776-1860"*, Siglo XXI, Madrid, 2005.

Gargarella, Roberto: *"La sala de máquinas de la Constitución. Dos siglos de constitucionalismo en América Latina (1810-2010)"*, Katz Editores, Buenos Aires, 2014.

Garzón Valdés, Ernesto: *"Consenso, racionalidad y legitimidad"*, Isegoría, Nº 2, 1990, p. 2.

Godoy, Hernán (editor): *"Estructura social de Chile"*, Editorial Universitaria de Chile, Santiago, 1971.

Guzmán, Eugenio: *"Reflexiones sobre el sistema binominal"*, en Estudios Públicos, 51, Invierno de 1993, pp. 303-324.

Haberle, Peter: *"Teoría de la Constitución como Ciencia de la Cultura"*, Tecnos, 2.000.

Habermas, Jurgen: *"Facticidad y Validez"*, Trotta, Quinta Edición, Madrid, 2008.

Hermet, Guy: *"El Invierno de la democracia"*, Los Libros del Lince, Barcelona, 2008.

Heródoto: *"Historia"*, Ediciones Cátedra, Madrid, 6° Edición, 2008.

Homero: *"Ilíada"*, Biblioteca Gredos, Nº 1, Editorial Gredos, Barcelona, 1982.

Huneeus, Carlos: *"La democracia semisoberana. Chile después de Pinochet"*, Taurus, 2014.

Izquierdo, Gonzalo: *"Historia de Chile"*, Editorial Andrés Bello, 1990, Tomo II.

Jellinek, George: *"Teoría General del Estado"*, Fondo de Cultura Económica, México, Segunda Reimpresión, 2004.

Jocelyn-Holt, Alfredo: *"La independencia de Chile. Tradición, Modernización y Mito"*, Biblioteca del Bicentenario, Planeta/Ariel, 3º Edición, 2001.

Joignant, Alfredo y Fuentes, Claudio (editores): *"La solución constitucional"*, Catalonia, 2015.

Keir, David Lindsay: *"The constitutional history of modern Britain"*, Adam and Charles Black, London, Fifth Edition, 1953.

Lasalle, Ferdinand: *"¿Qué es una Constitución?"*, Ariel, 5° Edición, Barcelona, 1997.

Locke, John: *"Political Writings"*, Wooton, David (editor), Mentor, Canada, 1993.

Loewenstein, Karl: *"Teoría de la Constitución"*, Ariel Derecho, Barcelona, Cuarta Reimpresión, 1986.

López, Rafael: *"Procesos de reforma de sistemas electorales: Aprendizajes de la experiencia comparada"*; en *Reforma del sistema electoral chileno*, Fontaine, Arturo; Larroulet, Cristián; Navarrete, Jorge y Walker, Ignacio, (PNUD), 2009.

Mainwaring, Scott: *"Presidentialism, multiparty systems and democracy"*, Kellog Institute, September 1990.

Mariátegui, José Carlos: *"Siete ensayos de interpretación de la realidad peruana"*, Editores Independientes, México, Primera Edición de Bolsillo, 2007.

Maritain, Jacques: *"El hombre y el Estado"*, Editorial Guillermo Kraft, Buenos Aires, 2° Edición, 1952.

Maritain, Jacques: *"La educación en la encrucijada"*, Biblioteca Palabra, Madrid, 2008.

Maritain, Jacques: *"El Campesino del Garona"*, Colección Nuestro Tiempo, Desclée de Brouwer, Bilbao, 1967.

Mayol, Alberto: *"El derrumbe del modelo"*, LOM, 2012.

Mouffe, Chantal: *"El retorno de lo político"*, Paidós, 1999.

Mouffe, Chantal: *"La paradoja democrática"*, Gedisa, 2003.

Mouffe, Chantal: *"En torno a lo político"*, Fondo de Cultura Económica, 2007.

Muller, Jan-Werner: "Constitutional Patriotism", Princeton University Press, 2007.

Nohlen, Dieter: *"La reforma del sistema binominal desde una perspectiva comparada"*, en Revista de Ciencia Política, Volumen 26, N° 1, 2006, pp. 191-202.

Orrego Vicuña, Claudio: *"Observaciones a la lei Electoral Vijente, Memoria de Prueba de Arturo Prat"*, Colección Lautaro, Ediciones Aconcagua, 1976.

Patterson, Orlando: *"Freedom in the making of the western world"*, Basic Books, 1991.

Peces-Barba, Gregorio: *"El Patriotismo Constitucional. Reflexiones en el vigésimo quinto aniversario de la Constitución española"*, Anuario de Filosofía del Derecho", N° 20, 2003.

Pellet, Arturo: *"El Poder Parlamentario"*, Abeledo-Perrot, Buenos Aires, 1995.

Peña, Marisol: *"Reforma Constitucional e Identidad constitucional"*, Ideas para el Debate N° 3, CLAPES UC, Mayo de 2015.

Pisarello, Gerardo: *"El nuevo Constitucionalismo latinoamericano y la Constitución venezolana. Balance de una década"*, Sin Permiso, Barcelona, 2010.

Pisarello, Gerardo: *"Un largo Termidor"*, Editorial Trotta, Madrid, 2011.

PNUD: *"Auditoria a la democracia"* (Marcela Ríos, coordinadora), 2014.

PNUD: *"Los tiempos de la politización"*, Informe sobre el Desarrollo Humano en Chile 2015, Santiago, 2015.

PNUD: *"Opinión ciudadana y cambio constitucional: Análisis desde la opinión pública"*, Serie más y mejor Democracia, N° 1, Santiago de Chile, Agosto de 2015, pp.90.

Rawls, John: *"Liberalismo Político"*, Fondo de Cultura Económica, México, 1995.

Recabarren, Luis Emilio: *"El balance del siglo: Ricos y pobres a través de un siglo de vida republicana"*, en Godoy, Hernán (compilador): *"Estructura social de Chile"*, Editorial Universitaria, Santiago, Chile, 1971.

Rendueles, César: *"Sociofobia. El cambio político en la era de la utopía digital"*, Capitán Swing Libros, Madrid, 2013.

Riberi, Pablo: *"Prolepsis y experiencia de la multitud como vigas maestras de la Constitución"*, en "Teoría Constitucional. Ensayos escogidos", José Ignacio Núñez (coordinador), Ediciones Universidad Finis Terrae, Santiago, diciembre de 2014, pp. 55-91.

Ríos, Marcela: *"Cuotas de Género, democracia y representación"*, Instituto Internacional para la Democracia y Asistencia Electoral (IDEA), Flacso, Chile, 2006.

Rosanvallon, Pierre: *"La contrademocracia. La política en la era de la desconfianza"*, Manantial, Buenos Aires, 2011.

Rouquié, Alain: *"A la sombra de las dictaduras. La democracia en América Latina"*, Fondo de Cultura Económica, Buenos Aires, Primera edición en español, 2011.

Ruiz-Tagle, Pablo y Cristi, Renato: *"El constitucionalismo del miedo. Propiedad, bien común y poder constituyente"*, Colección Ciencias Sociales y Humanas, LOM, 2014.

Salazar, Gabriel: *"En el nombre del poder popular constituyente (Chile siglo XXI)"*, LOM, Santiago de Chile, 2011.

Salazar, Manuel: *"Las letras del Horror"*, Tomo I: La DINA, Colección Nuevo Periodismo, LOM Ediciones, Santiago, Chile, Cuarta reimpresión, 2013.

Sartori, Giovanni: *"Elementi di Teoria Politica"*, Bologna, Il Mulino, 1987.

Savater, Fernando: *"Vivere Libero"*, Edición Impresa de El País, 6 de diciembre de 2001.

Schmitt, Carl: *"Teoría de la Constitución"*, Alianza Editorial, Madrid, 1982.

Serrano, Sol: *"Universidad y Nación"*, Editorial Universitaria, Santiago, 1993.

Sierra, Lucas y Mac-Clure, Lucas: *"Frente a las mayorías. Leyes supramayoritarias y tribunal constitucional en Chile"*, Centro de Estudios Públicos, Santiago de Chile, 2011.

Sierra, Lucas (editor): *"Diálogos Constitucionales"*, Centro de Estudios Públicos, Santiago de Chile, 2015.

Silva Henríquez, Raúl (Cardenal): *"El Cardenal nos ha dicho. 1961/1982"*, Editorial Salesiana, Santiago de Chile, 1982.

Silva Henríquez, Raúl (Cardenal): *"El Alma de Chile"*, Cieplan, 1986.

Soto, Ángel y Schmidt, Paula: *"Las frágiles democracias latinoamericanas"*, El Mercurio-Aguilar, Santiago de Chile, 2008.

Squella, Agustín: *"Andrés Bello: Ideas sobre el Orden y la Libertad"*, Estudios Públicos, Número 11, 1983, pp. 228-243.

Sternberger, Dolf: *"Patriotismo Constitucional"*, Universidad Externado de Colombia, Bogotá, 2001.

Stuven, Ana María y Cid, Gabriel: *"Debates Republicanos en Chile"*, Colección Archivos, Ediciones Universidad Diego Portales, Volúmenes I y II, 2012 y 2013.

Todorov, Tzvetan: *"Los enemigos íntimos de la democracia"*, Galaxia Gutemberg, Barcelona, 2012.

Tórtora, Hugo y Jordán, Tomás (coordinadores): *"Estudios para una nueva Constitución"*, Editorial Metropolitana, Santiago de Chile, 2014.

Valencia, Luis: *"Anales de la República"*, Editorial Andrés Bello, tomo II actualizado, 2ª Edición, 1986.

Valenzuela, J. Samuel: *"Democratización vía Reforma"*, Ediciones del IDES, Colección América Latina, 1985.

Valenzuela, Esteban: *"Descentralización Ya"*, RIL Editores, 2015.

Vanossi, Jorge Reinaldo: *"Teoría Constitucional"*, 2 Tomos, Ediciones Depalma, Buenos Aires, 2000.

Véliz, Claudio: *"Los dos mundos del nuevo mundo"*, Tajamar Editores, Chile, abril 2011.

Von Baer, Ena: *"Sistema Binominal: Consensos y Disensos"*, en *Reforma del Sistema Electoral chileno*, PNUD, Cieplan, Libertad y Desarrollo, CEP, Proyectamerica, 2009, pp. 177-206.

Walker, Ignacio: *"La democracia en América Latina. Entre la esperanza y la desesperanza"*, Editorial Uqbar, Santiago de Chile, 2009.

Zapata, Patricio: *"Génesis de una Reforma"*, en Reforma Constitucional, Zúñiga, Francisco (Editor), LexisNexis, 2005.

Zapata, Patricio: *"Justicia Constitucional"*, Editorial Jurídica de Chile, 2008

Zapata, Patricio: *"La Nueva Constitución y el Bien Común"*, en "Nueva Constitución y momento constitucional. Visiones, Antecedentes y Debates", Legalpublishing y Thomson Reuters, Santiago de Chile, 2014.

Zapata, Patricio: *"La Constitución del Bicentenario. Once Tesis y una propuesta concreta"*, en "La solución constitucional", Claudio Fuentes y Alfredo Joignant (editores), Catalonia, Santiago de Chile, 2015, pp. 165-186.

Zúñiga, Francisco (editor): *"Reforma Constitucional"*, LexisNexis, 2005.

Zúñiga, Francisco (coordinador): *"Nueva Constitución y momento constitucional. Visiones, Antecedentes y Debates"*, Legalpublishing y Thomson Reuters, Santiago de Chile, 2014.

Zuñiga, Francisco: *"Bases de la Institucionalidad. Apuntes acerca de las normas de principio en la Nueva Constitución"*, Ideas para el Debate Nº 3, CLAPES UC, Mayo de 2015, pp. 44-58.

¿Qué buscan, realmente, los partidarios de una Nueva Constitución? ¿Qué aspectos del actual orden constitucional debieran conservarse? ¿Cuál sería el mejor mecanismo a efectos del cambio constitucional?

Todos estamos convocados a esta discusión, porque el tema constitucional no es un asunto reservado exclusivamente a los abogados.

"La casa de todos" es un libro pensado para acompañar el proceso constituyente. El autor, Patricio Zapata, uno de los constitucionalistas más prestigiosos e influyentes del país, le escribe al ciudadano en un texto que evita el tecnicismo innecesario.

Este no es un documento destinado a entregar munición argumental a los que ya están convencidos. El profesor Zapata ha querido, más bien, conversar respetuosamente con personas que tienen muy distintas posiciones. Por lo mismo, este estudio también le servirá a quien tenga dudas sobre la conveniencia del cambio constitucional.

Si le interesa el futuro de nuestras instituciones, si quiere ser parte activa del proceso constituyente y criticar con argumentos, este es un libro que debe leer.

EDICIONES UC